CEREAL

TRAVEL & STYLE

Cereal Volume 11
Copyright © Cereal Ltd. UK
All rights reserved.

Korean translation rights © 2016 by Sigongsa Co., Ltd.
Korean translation edition is published by arrangement with Cereal Ltd. through Amo Agency Korea.

이 책의 한국어판 저작권은 아모 에이전시를 통해 Cereal Ltd.와 독점 계약한 ㈜시공사에 있습니다.
저작권법에 의해 한국 내에서 보호를 받는 저작물이므로 무단전재와 무단복제를 금합니다.

EDITOR'S LETTER

―

〈시리얼〉에는 산뜻하고 현대적인 디자인을 좋아하는 제 취향이 잘 반영되어 있습니다. 고백하건대 저는 한 도시를 방문할 때면 절제된 장식이 돋보이는 라이프스타일 숍과 식당을 찾아다니곤 하죠. 그러한 곳들에 담긴 섬세한 미학에는 제 마음을 사로잡고 편안하게 하는 특별함이 있거든요. 하지만 아무리 좋은 것도 지나치면 다른 데로 눈을 돌리고 싶어질 때가 있습니다. 그래서인지 얼마 전부터 저는 평소 좋아하던 것들과는 반대되는 무언가를 애타게 찾기 시작했습니다. 아우성치듯 대담한 색, 친츠chintz(작은 무늬를 화려하게 날염한 광택 나는 면직물), 곡선을 이룬 대리석 계단 그리고 샹들리에. 저는 저 자신이 지난날의 웅장함을 그리워하고 있음을 깨달았고, 이런 갈망으로 비엔나를 방문해 과거로 돌아간 듯한 기분을 느끼고 싶었습니다.

비엔나는 틀림없이 현대적인 모습을 지닌 활기찬 도시입니다. 그러나 저는 그런 비엔나를 보려고 오스트리아로 향한 것이 아니었습니다. 제 여행의 목적은 비엔나가 지닌 고풍스러운 모습과 그곳의 눈부시게 아름다운 예술 작품을 눈에 담는 것이었습니다. 하지만 비엔나에서 맞이한 둘째 날, 제 관심사는 이미 그곳의 음식이 되어버렸습니다. 저는 제가 집어삼킨 모든 슈니첼schnitzel(달걀을 입혀서 굽거나 튀긴 고기로 커틀릿의 일종)과 애플 슈트루델apple strudel(페이스트리의 일종)을 평가하기 시작했고 제가 작성한, 비엔나에서 '꼭 가봐야 할 곳' 목록에 들어있는 여러 커피 하우스에서 이 2가지 모두를 맛보는 것을 제 임무라고 선언하기에 이르렀습니다. 저는 셋째 날까지 매일같이 커피 하우스 서너 군데를 찾아갔습니다. 하루에 슈트루델 4개와 슈니첼 2장을 먹어치운 셈이었죠. 혼자만 살찔 수는 없어 동료들에게도 같은 양을 권했지요. 허리 사이즈가 늘어나는 것은 문제였지만 덕분에 아주 즐거운 시간을 보낼 수 있었습니다. 애플 슈트루델에 휘핑크림을 얹고, 접시가 작아 보일 만큼 큼직한 슈니첼을 한 입 베어 물 때면 그 맛을 음미하며 흥분을 감출 수 없었습니다. 늦은 밤 페이스트리를 눈앞에 두고는 단것을 먹을 생각에 잔뜩 들떠 사진을 찍기도 했고요. 뿐만 아니라 마호가니 패널과 벨벳 커튼으로 장식된 너무나 아름다운 커피 하우스에도 완전히 마음을 빼앗겼습니다. 눈을 가늘게 뜨고 주위를 둘러보면 시간을 거슬러 세기의 전환기에 와있는 듯한 기분도 느낄 수 있었습니다. 옆 칸막이 좌석에는 클림트가 느긋하게 앉아있을 것만 같았습니다.

Rosa Park

TABLE OF CONTENTS

도쿄 TOKYO, 일본 JAPAN

24시간	08
하라 겐야	16
안 또는 밖	22
속도	28
베네세 아트 사이트 나오시마	32

맛을 기억하는 4가지 방식

재료	46
추억	50
도구	60
사람	68

I. 예술 & 디자인

도널드 저드	74
한센가의 유산	82
아티스트 시리즈 : 케리 시턴	90
필름 시리즈 : 퍼퓨머 H	92

시애틀SEATTLE, 미국USA

아침 페리 94

패스트 컴퍼니 102

다른 세상 108

필슨을 찾아서 114

II. 스타일

시리얼의 선택 : 풋웨어 122

무르익다 : 아워 레거시의 지난 10년 132

비엔나VIENNA, 오스트리아AUSTRIA

왈츠 140

페이스트리에서 울려 퍼지는 심포니 146

슈메이를 찾아서 152

칼 오벅 158

III. 탈출

벨 몽 팜 166

포고 아일랜드 인 172

위크엔드WEEKEND

자유 186

궁지에 빠진 거미 188

사라짐에 대하여 192

도쿄 TOKYO

일본 *JAPAN*

35°42'31.3"N 139°43'56.8"E

24시간
24 HOURS IN TOKYO

도쿄 둘러보기를 위한 짧은 안내서

글 로사 박 *Rosa Park* 사진 리치 스테이플턴 *Rich Stapleton*

숙박

아만 도쿄 AMAN TOKYO

절제된 호화로움의 본보기라 할 수 있는 아만 도쿄는 대도시 도쿄의 혼잡함 속에서 우아한 도피처가 되어준다. 유명 오스트레일리아 건축가 케리 힐Kerry Hill은 도시적 모더니즘과 전통문화 요소들(화지和紙를 바른 미닫이문과 깊은 나무 욕조 등)을 한데 녹여 완벽하게 일본적인 공간을 만들어냈다. 아만 도쿄는 공용 공간을 장식한 숨 막힐 듯 아름다운 꽃꽂이에서부터 편백나무로 제작한 고급스러운 욕실 소품에 이르기까지, 작은 것 하나하나에 기울인 관심 덕분에 오래도록 기억에 남는다. 화려한 상점들로 빼곡한 긴자Ginza와 황실 정원 바로 앞에 자리한 아만 도쿄는 눈 덮인 후지Fuji 산이 한눈에 들어오는 전망을 자랑한다.

The Ōtemachi Tower, 1-5-6 Ōtemachi, Chiyoda-ku, Tōkyō 100-0004

관광

네즈 미술관 NEZU MUSEUM

혼잡하기로 이름난 도시에서 조용한 곳을 찾기란 쉽지 않지만 네즈 미술관은 정신없이 빠르게 흘러가는 삶의 속도에 지친 사람들에게 고요한 도피처가 되어준다. 미나토Minato의 주요 백화점들과 상점들 사이에 위치한 네즈 미술관은 수집가이자 사업가인 네즈 가이치로Nezu Kaichiro가 소장한, 일본을 비롯한 동아시아 미술 작품들을 전시하고 있다. 지금은 그의 손자 네즈 고이치Nezu Kōichi가 관장직을 맡아 소장 작품 수를 7,400점으로 늘렸다. 정원으로 나가면 도시 한복판에서 오아시스를 만날 수 있다. 전통 찻집에서 목을 축이고 돌을 깐 길을 따라 수풀이 우거진 곳으로 향하다 보면 콘크리트 정글 속에 있음을 어느덧 잊게 된다.

6-5-1 Minami Aoyama, Minato-ku, Tōkyō 107-0062

선물 사기

바이신카 BAISHINKA

세련된 과자점 바이신카에서는 일본 특유의 완벽주의와 실내를 전시실처럼 꾸며놓은 미적 감각이 만난다. 메구로구Meguro-Ku에 자리한 식당 야쿠모 사료Yakumo Saryo 안에 바이신카를 마련한 것은 심플리시티Simplicity의 설립자 오가타 신이치로Ogata Shinichiro다. 오가타는 일본의 현대적인 인테리어 디자인과 건축에 많은 영향을 끼쳤을 뿐만 아니라 미를 찾아내는 예리한 눈을 지닌 존경받는 디자이너다. 2009년 문을 연 바이신카는 마치 미술관처럼, 계절에 맞추어 아름답게 포장한 나마가시Namagashi(일본 전통 생과자)를 전시한다. 맛있는 과자를 산 뒤 자두나무가 우거진 아담한 정원을 거닐어보자.

Yakumo Saryo, 3-4-7 Yakumo, Meguro-ku, Tōkyō 152-0023

점심 식사

사샤 가네타나카 SASHA KANETANAKA

단순함과 간결함을 추구하는 사샤 가네타나카는 '공동식사'를 경험할 수 있는 기회를 제공한다. 식당에는 널빤지를 아주 기다랗게 잘라 만든 테이블 2개가 놓여있는데 이 자리에서는 대나무와 돌로 꾸민 젠/en 스타일의 정원이 내다보인다. 오모테산도 Omotesandō 역 뒷길에 조용히 자리 잡은 사샤 가네타나카는 애써 찾아낼 가치가 있는 숨은 보석과도 같다. 이곳에서는 전통 음식뿐만 아니라 훌륭한 조합을 이룬 세트 메뉴 그리고 카레 국수, 종잇장처럼 얇게 썬 생선회, 바삭하게 튀긴 생선, 다양한 계절 특선 디저트 등 누구나 좋아하는 음식을 맛볼 수 있다.

3-6-1 Kita Aoyama | 2F Oak Omotesandō, Minato-ku, Tōkyō 107-0061

저녁 식사

히가시-야마 HIGASHI-YAMA

전통 계절음식 전문가인 히가시-야마의 셰프들은 자연에서 영감을 얻어 혀뿐만 아니라 눈도 즐겁게 하는 세트 메뉴를 선보인다. 이곳에서는 바삭한 계절 특선 튀김, 죽순 퓨레 수프, 육즙이 풍부한 와규 정강이 살을 데미글라스 소스로 끓인 스튜를 비롯해 다양한 멋진 요리를 맛볼 수 있다. 새하얀 실내는 미니멀리즘적인 느낌을 물씬 풍기지만 질감을 살린 벽은 온기를 더해준다. 히가시-야마에는 오붓한 시간을 보낼 수 있는 룸도 마련되어 있다. 천장부터 바닥까지 이어진 유리창 너머로 정성 들여 가꾼 일본식 정원을 감상할 수 있다.

1-21-25 Higashiyama, Meguro-ku, Tōkyō 153-0043

하라 겐야
HARA KENYA

무인양품의 아트 디렉터와 디자인을 이야기하다

글 찰리 리 포터 *Charlie Lee-Potter*   번역 토니 맥니콜 *Tony McNicol*
사진 브룩 홀름 *Brooke Holm*   스타일링 마샤 골맥 *Marsha Golemac*

하라 겐야는 보기 드문 사람이다. 그는 자신의 디자인만큼이나 아름다운 언어를 구사한다. 그가 2002년부터 아트 디렉터로 몸담고 있는 무인양품에서 지켜온 정신은 어울리지 않는 것, 불필요한 것을 제거해 물건을 아름답게 만드는 것이다. 말을 할 때에도 같은 원칙에 따라 어떤 질문에도 뻔하거나 따분한 대답은 하지 않는다. 디자이너이기보다 시인이 되어 형이상학적 이야기를 풀어놓는다. '자연의 섭리', '텅 빈 것은 가득 찬 것보다 풍요롭다.', '감각의 평화.' 차분하고 자신감에 찬 그의 입에서 흘러나오는 말들이다. 만약 하라 겐야가 물건이라면 뚜렷한 목적의식, 진실성, 자제력 그리고 넘치는 가능성을 지닌 무인양품 공책이 아닐까.

무인양품 제품은 한눈에 알아볼 수 있다. '무인양품無印良品'이 '상표 없는 질 좋은 제품'을 의미하고, 준말 '무지MUJI'가 '상표가 없다.'는 뜻임을 생각하면 이해하기 힘든 일이다. 무인양품은 광고나 홍보를 자제하며 제품 디자이너가 누구인지 밝히지도 않고 제품 포장은 최소한으로 한다. 오늘 아침 나는 무인양품이 이토록 큰 성공을 거둔 이유를 알아내기로 마음먹고 무인양품 매장을 방문했다. 나는 줄지어 놓인 흰색 아로마 디퓨저 앞에 서있는 중년 남자의 모습에 마음을 빼앗겼다. 아로마 디퓨저는 전원을 연결하면 엷은 안개 같은 향긋한 수증기를 내뿜는다. 남자는 이리저리 왔다 갔다 하면서 두 손을 동그랗게 모아 원통 모양 디퓨저 가까이에 댄 채 향기로운 김을 게걸스럽게 코로 들이마셨다. 무인양품이 전하려는 느낌을 오롯이 받았는지, 그의 얼굴에서 미소가 떠날 줄을 몰랐다. 무인양품의 철학에 사로잡힌 고객들은 물건을 구입한다기보다 하나의 정신을 얻는다는 마음으로 매장을 찾는다.

존경을 한몸에 받는 하라 겐야는 소박함을 추구하는 사람과는 걸맞지 않게 숨 돌릴 틈 없이 바쁜 나날을 보내고 있다. 하라 겐야와 내가 주고받은 대화는 옥스퍼드와 도쿄를 넘나들었다. 나는 겐야에게 영어로 편지를 썼고, 그는 내게 일본어로 답장을 보냈다. 나는 물 흐르듯 이어지는 아름다운 그의 문장에 반했다. 그의 글은 이해하기 어려운 듯하면서도 매혹적이었다. 무인양품 매장에서 향기를 들이마시던 남자처럼 나는 아름다운 일본 글자에서 그 의미를 끌어내 들이켜려고 했다(놀라지 마시길. 결국 헛된 바람을 떨쳐내고 다른 사람에게 번역을 부탁했다). 나는 하라 겐야가 오래 전부터 '비움empriness'의 의미를 되찾고자 끊임없이 노력해왔음을 알게 되었다. '비움'은 여러 문화권에서 경멸을 담은 단어로 여겨지지만 겐야는 그렇게 생각하지 않는다. "비움은 누가 어떻게 그것을 이용하든 궁극적 자유의 추구와 같습니다. 텅 빈 물체는 모든 이미지를 담을 수 있으며 그 어떤 용도로도 쓰일 수 있죠. 독일 헹켈Henckels의 칼과 일본 스시 칼을 예로 들어봅시다. 헹켈 칼은 인체공학적으로 디자인되었기 때문에 칼자루를 쥘 때 엄지손가락이 자연스럽게 자리를 찾습니다. 헹켈 칼은 잡기도, 사용하기도 편해요. 하지만 스시 칼 손잡이는 그냥 평범한 나무 막대죠. 어느 부분을 쥐어야 할지 알 수 없습니다. 그래서 아무 데나 원하는 대로 잡을 수 있어요. 이 단순하고 평범한 칼자루 덕분에 스시 요리사들은 온갖 놀라운 기술을 익힙니다. 헹켈 칼도 소박하지만 스시 칼은 텅 비어있어요. 모두 훌륭한 칼이지만 둘 사이에는 차이가 있습니다."

하라 겐야는 무인양품 고객들이 제품 디자인 과정에 담긴 철학을 알아주기를 바라지 않는다. 그러나 참치나 연어를 나름의 방식대로 썰다 보면 누구라도 '텅 빈' 물건이 칼질 방식에 영향을 미치고 있음을 알아차릴 것이다. 겐야는 "깊은 깨달음을 얻게 되는 거죠."라고 말한다. 나무 막대로 된 자루를 가진 단순한 칼치고는 대단한 일을 하는 셈이다.

이처럼 하라 겐야가 늘 디자인을 생각하는 사람인 까닭에 그가 자신의 취향을 고집할 거라고 생각하기 쉽지만 그에게는 우리를 감동시키는 감상적인 면이 있다. 그는 '완벽한' 물건을 두고 이렇게 말한다. "우리는 아이가 기우뚱하게 빚은 도자기보다 나은 물건을 결코 만들 수 없습니다. 아이가 만든 도자기는 무엇보다도 모든 감정과 생각을 담을 수 있는 수용성을 지니거든요. 디자인의 힘은 인간의 다양한 생각을 받아들일 수 있는 수용성에 있습니다."

하라 겐야는 그 나름의 '비움'을 향해 나아가고 있다. 좋은 취향이 디자인 선택에 영향을 미치느냐고 묻자 궁극적 목표는 '무無'뿐이라는 대답이 돌아왔다. "디자이너는 자신의 취향을 알아야 합니다. 디자이너가 자신의 깃발을 분명히 내걸지 않으면 세상 누구도 그가 어떤 작업을 하는지 알 수 없어요. 어렸을 때는 이런저런 것들을 만들면서 창의성을 마음껏 발휘했지만 시간이 흐르고 경험을 쌓아가면서 단순하고 텅 빈 것들에 마음을 빼앗겼습니다. 제 깃발은 아무것도 쓰여있지 않은, 흰색으로 점점 변해가고 있습니다."

하라 겐야는 세계화에 대해 고개를 젓는다. "문화는 각 지역 고유의 특성입니다. 세계화된 문화란 존재하지 않아요. 무인양품에서 일하기 시작했을 때 이런 생각이 들더군요. '무인양품을 독일이 기획했다면 어떤 모습이었을까? 중국이나 폴란드였다면?' 이런 상상은 무인양품의 자연스러운 발전에 도움이 됩니다. 무인양품은 일본 전통의 테두리 안에 갇혀있지 않아요. 그렇지만 '소박함이 화려함보다 낫다.'는 생각이 일본의 전통적 미학에서 비롯된 것은 사실입니다. '텅 빈 것이 가득 찬 것보다 낫다.'라고 바꾸어 말할 수도 있겠네요. 텅 빈 것은 더 많은 것을 담을 수 있죠. 무인양품은 이러한 생각을 발전시키고 세계에 알리고자 노력합니다. 세상은 다양한 문화가 서로 다른 색으로 빛나고 부딪치면서 자신의 목소리를 내는 풍요로운 곳이에요. 중국 사람들이 이탈리아 사람들이 즐기는 것과 똑같은 페페론치노peperoncino(이탈리아 고추)를 먹는다거나 오스트레일리아 사람들이 북유럽식 사우나를 한다고 그것을 발전이라고 부를 수는 없어요. 전통은 단지 오래된 것이 아닙니다. 전통은 한 나라의, 또는 특정 지역이 지닌, 미래를 위한 훌륭한 자원입니다."

하라 겐야는 다가올 미래를 걱정하며 인공지능에 대한 우려를 솔직히 털어놓는다. 그의 말대로라면 인류는 그가 '프리히스토리pre-history'라고 부르는 새로운 시대에 접어들고 있다. 프리히스토리는 '다음에 무슨 일이 일어날지 알 수 없는 시대'다. 우리가 살아가고 있는 이 불안한 시대에 사람들이 관심을 갖는 많은 것들이 예술, 디자인 그리고 브랜드로 이루어진 세상과는 동떨어져 보이기도 한다. 문득 하라 겐야가 제품 디자인을 테러, 소외, 지구온난화, 난민, 환경오염 같은 문제들과 어떻게 조화시킬 수 있을지 궁금했다. 그는 이러한 때일수록 디자인을 외면하기보다는 디자이너가 문제 해결의 중심 역할을 해야 한다고 강조한다. "디자인은 '감각의 평화peace of the senses'라고 부를 수 있는 가치를 향한 지적 운동입니다. 경제체제나 문화가 다르더라도 인간이라는 이유로 공유할 수 있는 경험이 있습니다. 인류는 이를 통해 하나가 될 수 있을 거예요. 디자인의 역할은 색다름으로 사람들을 놀라게 하거나 대중의 관심을 끄는 것이 아닙니다. 디자인은 인류에게 오랜 지혜, 온갖 물건 속에 숨어있는 지혜를 발견하는 기회를 선물해야 합니다. 저는 인류 공통의 경험을 통해 그 지혜를 발견할 수 있으며 '감각의 평화'에 이를 수 있다고 믿습니다."

하라 겐야 디자인의 특징은 수용성이라는 개념, 귀 기울여 듣고자 하는 노력, 즉 '노 브랜드no brand' 철학으로 수렴된다. 한편 그는 가르치고 이끄는 일도 좋아한다. 그렇다면 디자인이란 결국 무언가를 제시하는 것이 아닌지, 진정으로 모든 것을 비워낸 디자인이 과연 존재할 수 있는지 질문했다. 하라 겐야는 전혀 뜻밖의 유쾌한 답을 주었다. "도시는 뛰어난 재능을 지닌 건축가들의 작업으로 탄생한 것이 아닙니다. 수많은 사람들의 욕망이 경쟁하는 가운데 도시가 탄생하죠. 사람들이 더 이상 길에 쓰레기를 버리지도, 침을 뱉지도 않을 때 도시는 한 걸음 전진합니다. 낙서가 사라지고, 깨진 가로등 전구가 곧바로 교체되고, 공중화장실이 깨끗하게 유지될 때 도시는 조금 더 세련된 모습을 갖춥니다. 디자인은 사람들의 욕망을 교육하고 도시가 바람직한 방향으로 나아가도록 도울 수 있습니다. 이것은 독단이 아닌, 특별한 무언가를 발견하도록 사람들을 도울 수 있는 능력입니다. 예를 들자면 기분 좋은 감촉의 무늬 없는 수건을 사용할 기회를, 그 순간의 경험을 선물하는 겁니다."

공유하는 경험을 솜털처럼 부드러운 수건을 예로 들어 설명하는 것은 하라 겐야가 즐겨 사용하는 수사법이다. 그는 특정한 것을 일반적인 것으로, 일반적인 것을 특정한 것으로 설명한다. 어떤 물건 또는 디자인에서 가장 깊은 만족감을 느끼는지 묻자 그는 오니기리onigiri(일본식 주먹밥)라고 대답했다. "오니기리는 김이 모락모락 나는 따뜻한 밥을 조심스럽게 뭉쳐서 만듭니다. 안에는 매실 장아찌나 소금에 절인 연어를 비롯해 시큼하거나 매운 다양한 재료를 넣죠. 저는 손에 오니기리를 들면 언제나 행복해집니다." 르 코르뷔지에Le Corbusier 의자나 구겐하임 미술관Guggenheim Museum 또는 콩코드Concorde라고 대답할 법하지만 그 대신 소박한 주먹밥을 선택한 이 남자의 온건함을 어떻게 사랑하지 않을 수 있을까. ■

"비움은 누가 어떻게 그것을 이용하든 궁극적 자유의 추구와 같습니다."

EXTERIOR: MUJI VERTICAL HOUSE

안 또는 밖
HOLDING IN THE INSIDE

―――

도쿄 주거건축 탐구

글 리처드 아슬란Richard Aslan 사진 리치 스테이플턴Rich Stapleton

内線 내선, 内臓 내장, 内耳 속귀, 内心 속마음, 内輪 집안, 内緒 은밀, 内気 수줍음 // 内外 안과 밖, 内外人 일본인과 외국인 // 外国人 외국인, 外出 나들이, 外観 외관, 外来 외래, 外見 외견, 外食 외식, 外洋 외해, 外気 야외.

内(우치) 안, 4획. 冂 널따란 땅 + 人(히토) 사람 // 外(소토) 밖, 5획. 夕 저녁 + 卜(우라나우) 점치다. 흥겨운 리듬이 느껴진다. '우치' // '소토', 즉 안 // 밖. 안 또는 밖.

바깥. 전광판에서는 국수와 비디오게임 광고가 반짝이고, 스피커에서는 쌀밥과 10% 할인을 알리는 선전이 떠들썩하게 흘러나온다. 건널목은 횡단과 정지를 알리는 노래를 번갈아 흥얼대고, 열차는 잠든 승객들에게 다음 정차역을 알리는 세레나데를 불러준다. 발을 질질 끌며 걷는 지하도 속으로, 복잡한 인도로, 우산 숲 사이로, 사람의 물결이 밀려왔다 밀려가고, 끌려가고 빨려든다. 출근 카드를 찍고, 퇴근 시간을 기록한다. 줄을 서서 기다린다. 덜컹대는 버스에 몸을 싣는다. 이리저리 흔들린다. 덜컥 멈춘 버스는 나지막한 집들이 오밀조밀 모인 교외에 승객들을 쏟아낸다.

東京市(도쿄-시) 도쿄시 : 23개 특별구, 623km², 인구 9,214,130명. 東京都(도쿄-토) 도쿄도 : 23개 특별구 + 26개 시 + 1개 군 + 4개 지청, 2,188km², 인구 13,185,102명. 一都三県(잇토-산켄) 1도 3현 : 23개 특별구 + 26개 시 + 1개 군 + 4개 지청 + 3개 현, 13,500km², 인구 38,001,018명. 首都圏(슈토-켄) 수도권 : 23개 특별구 + 26개 시 + 1개 군 + 4개 지청 + 7개 현, 36,889km², 인구 43,470,148명.

아스팔트 도로는 문 앞까지 뻗어있고, 보행자들은 가로등과 자전거를 피해 걷는다. 바닥에 그어진 흰색 선이 보행자들과 차량을 나눈다. 차들은 사이드미러가 스칠 만큼 좁은 길을 조심조심 지나간다. 止まれ. '정지'라고 페인트로 굵게 쓰인 글씨가 곧바로 찻길을 향해 열리는 주택들 문 앞에서 주의를 환기한다. 에어컨 실외기 위에는 알로에와 미니 단풍나무 화분이 놓여있고, 오토바이들 때문에 '장애물 코스' 지나가기 더욱 어렵다. 오토바이에는 키가 꽂혀있고, 안장에는 헬멧이 얹혀있다. 차들은 정적을 깨뜨리는 쉬익 소리와 함께 지나가고, 고양이 한 마리가 한가로이 길모퉁이를 향해 걸어간다. 동전 투입식 주차장, 슈퍼마켓, 세탁소, 서서 먹는 카레 식당, 전자렌지용 음식들이 빼곡이 진열된 세븐일레븐, 자판기, 자판기, 자판기. 벽과 벽 사이에 매달린 전선들이 마름모꼴로 조각낸 하늘은 희부옇고, 메마르고, 차다. 푸르고, 촉촉하고, 그득하다.

▷▷▷

INTERIOR: MUJI VERTICAL HOUSE

안과 밖을 나누는 이중 사선이 아무런 표정 없이 민낯을 드러내고, 사생활을 쏘아 보낼 총안銃眼이 숭숭 뚫려 있다. 팔을 뻗으면 옆집 담에 손이 닿고, 고개를 들면 블라인드 뒤 움직임이 보인다. 덧문과 대나무 격자 뒤에 숨은 창과 창은 입을 맞춘다. 꾸밈없이 다닥다닥 붙은 회색, 커피색, 모래색 집들. 밖은 침입자로부터 안을 감싸 지킨다. 두 팔을 뻗으면 양쪽 벽이 닿을 만큼 좁은 자투리땅. 밖은 콘크리트 담과 거친 차고 벽 사이에 들어선, 빨간 등을 내건 라멘 가게를 돌아본다. 밖은 길모퉁이 상점 앞을 연체동물처럼 흐느적대며 걷다가 문틈을 들여다본다. 밖은 등뼈를 자랑하듯 거리 쪽으로 내보이며 손바닥만 한 초록빛 땅을 휘감는다. 밖은 콘크리트 물길을 따라 코바늘 뜨개질을 하고 몸을 떠는 흙에 대나무를 깊이 꽂아 꿰맨다. 껍데기, 외골격, 뼈, 키틴질, 상아질. 아르마딜로, 거북, 게, 굴, 성게. 아홉띠아르마딜로Dasypus, 테스투도Testudo('거북'을 뜻하는 라틴어), 브라츄라Brachyura(게), 비발비아Bivalvia(조개), 에치노이데아Echinoidea(성게).

안. 引き戸, 玄関, 三和土, 畳. 히키도, 겐칸, 다타키, 다다미. 미닫이문, 현관, 타일 바닥, 돗자리. 껍질을 벗어 던지고, 신을 벗는다. 일어서고, 몸을 굽히고, 느릿느릿 걷고, 앉는다. 정박지, 고치, 안식처, 은신처, 둥지, 도피처, 피난처, 성지, 성역, 요새. 요가 깔리고, 찻주전자는 김을 내뿜고, 무릎과 발끝이 고타쓰의 온기 속에서 맞닿는다. 시계가 째깍이고 잡지가 쌓여있다. 수북이 담긴, 혼자만을 위한 음식이 따뜻한 위로를 내뿜는다. 주말 아침, 블라인드를 뚫고 들어온 햇살은 희부연 빛줄기를 그린다. 하나의 축을 따라 형태를 갖추지도, 나뉘지도 않은 공간. 거실, 식당, 부엌이 하나가 된 곳. 일시적 구조, 탈바꿈하는 공간. 障子(쇼지) 창호지를 바른 미닫이문. 襖(후스마) 맹장지(빛을 막으려고 안과 밖에 두꺼운 종이를 겹바른 장지). アルミ(아루미) 알루미늄. メラミン(메라민) 멜라민. 杉(스기) 삼나무, 桧(히노키) 편백나무, 松(마쓰) 소나무. 일어서고, 몸을 굽히고, 느릿느릿 걷고, 앉고, 평온을 찾는다.

外(소토) 밖, 5획. 도시, 이방인, 미지未知. 夕 저녁 + 卜(우라나우) 점치다. 内(우치) 안, 4획. 나, 가족, 집. 冂 널따란 땅 + 人(히토) 사람. 흥겨운 리듬이 느껴진다. 우치 // 소토. 즉 안 // 밖. 안 또는 밖.

속도
LANDSPEED

———

신칸센 해부

글 리처드 아슬란 Richard Aslan 사진 제임스 피츠제럴드 3세 James Fitzgerald III

총알기차가 굉음을 내며 초록빛 들판을 가로지르고, 바스락대는 비닐하우스와 아기자기한 기와집이 모여있는 마을 앞을 지난다. 빠른 속도와 철탑들에 갈가리 찢어진 햇살이 기차 유리창을 뚫고 들어와, 조에트로프 zoetrope(망막의 잔상 효과를 이용한 것으로, 정지된 그림들을 회전시켜 움직이는 듯 보이게 만든 장난감)가 만들어낸 듯한 얼룩덜룩한 빛을 노트북, 잡지와 책, 분기별 보고서 그리고 꾸벅꾸벅 조는 승객들의 무릎 위에 드리운다. 2,000km 길이의 고속철로는 이 섬나라의 등뼈를 이룬다. 기차는 교외로, 사무용 건물들과 쇼핑몰들 사이로 미끄러지듯 들어선다. 온 세계가 하늘에 희망을 걸고 돈을 쏟아붓던 1950년대, 일본은 기차에 투자했다.

이름 짓기
일본인들은 곧게 뻗은 넓은 고속도로를 '총알도로'라고, 정신없이 후다닥 끝내는 여행을 '총알관광'이라고 부르지만 '총알기차'라는 말은 일상적으로 사용하지 않는다. '신칸센 新幹線(새로운 장거리 직통 본선)'이라는 평범한 이름을 가진 일본 고속철도는 각 열차의 이름 덕분에 그나마 낭만적으로 다가온다. 히라가나 필기체로 표시된 'ひかり(히카리)'는 '대부분의 역을 정차하지 않고 지나가는 신칸센'을 가리킨다. 'ひかり'와 발음이 같은 '光'은 '빛'을 의미한다. 마찬가지로 'のぞみ(노조미)'는 '초고속 신칸센'을 가리키는데, 발음이 같은 '望み'는 '희망'을 뜻한다. 모든 역에 정차하는 'こだま(고다마)'는 속도와 어울리지 않게 '숲이 우거진 골짜기의 메아리'를 뜻하는 '木霊'과 발음이 같다. '상쾌한 바람'을 뜻하는 '疾風' 즉 'はやて(하야테)'는 도호쿠 신칸센 구간을 바삐 오가고, 제비를 뜻하는 '燕' 즉 'つばめ(쓰바메)'는 규슈를 가로지른다. 이 밖에도 '벚꽃', '매', '산골짜기 시냇물', '아침해' 등이 시적인 신칸센 열차 대열에 합류한다.

열차 종류

상징적인 둥근 선두부에 최대 속도 220km/h에 달하는 0계는 1964년부터 20년 넘게 일본 유일의 고속철도였다. 1985년에는 앞선 모델과 마찬가지로 선두부가 둥근 200계의 뒤를 이어 열차 앞부분이 조금 뾰족해진 100계가 등장했다(도쿄의 동쪽을 운행하는 열차에는 짝수 번호를, 서쪽을 운행하는 열차에는 홀수 번호를 붙였다). 뒤이어 각진 300계가 도입되었고, 1992년 400계가 모습을 드러냈다. 상어를 닮은 은색 400계 열차는 좌석 수가 399개밖에 안 되는 최초의 소형 신칸센으로, 협궤 선로 위를 달렸다. 노래기를 닮은 날렵한 500계는 0계를 대체했고, 600계로 불릴 예정이던 열차는 E1계라는 이름으로 승객을 실어 날랐다. 증가하는 신칸센의 수요에 맞춰 세계 최대 승객 수용 능력을 자랑하는 E4계의 좌석 수는 1,634석에 이른다. 700계는 터널 통과 시 음속 폭음 sonic boom 을 줄이려고 선두부를 오리 부리 모양으로 제작한 최초의 열차였고, N700계는 곡선 구간에서도 300km/h인 최대 속력에 가깝게 달릴 수 있도록 차체경사장치를 장착했다. 소형 신칸센인 800계는 다시 한 번 흰색 도색과 둥근 선두부를 선보였지만 E5계 열차는 분홍색 띠를 중심으로 상부는 초록색, 하부는 흰색으로 칠해졌다. 빨간색과 흰색으로 도색된 E6계 그리고 파란색, 흰색, 적갈색이 어우러진 E7계는 현재 운행 중인 열차 가운데 가장 최근 모델들이다. L0계는 선두부를 날렵한 유선형으로 제작한 실험용 자기부상열차로 2015년 4월에 기록한 603km/h로 세계에서 가장 빠른 유인운전열차가 되었다. L0계는 2027~2045년 사이에 상용화되어 도쿄와 오사카 사이를 505km/h 속도로 67분 만에 주파할 예정이다.

노선
도호쿠 신칸센은 도쿄와 눈이 많이 내리는 혼슈 최북단에 자리한 아오모리를 연결한다. 아키타 신칸센은 모리오카에서 서쪽으로 뻗어있고, 야마가타 신칸센은 태평양에 접한 후쿠시마에서 서쪽으로 나아가 야마가타와 신조로 이어진다. 조에쓰 신칸센은 오미야 외곽에서 출발해 소박한 도시 다카사키를 지나, 동해에 떠있는 사도 섬과 마주한 항구도시 니가타로 향한다. 호쿠리쿠 신칸센은 다카사키를 떠나 나가노 협곡을 거쳐 일본 알프스에 접한 가나자와에 도착한다. 가장 오래된 노선인 도카이도 신칸센은 도쿄를 나고야, 교토, 오사카와 연결하고 산요 신칸센은 오사카를 출발해 서쪽으로 해안을 따라 뻗어나가 히로시마에 이른 뒤 간몬 해협을 건너 규슈에 다다른다. 규슈 신칸센은 하카타에서 신칸센 노선도의 가장 남쪽에 위치한 가고시마로 이어진다. 아오모리를 떠나 북쪽 하코다테로 향하는 홋카이도 신칸센은 2016년 3월 운행을 시작할 것이다. 홋카이도 신칸센 개통으로 신칸센 선로 길이의 총합은 3,000km를 넘게 된다. ■

Time Exposed by HIROSHI SUGIMOTO

OUTSIDE THE CITY

베네세 아트 사이트 나오시마
BENESSE ART SITE NAOSHIMA

―

자연 속의 예술과 건축

글 리처드 아슬란*Richard Aslan*　사진 리치 스테이플턴*Rich Stapleton*

세상을 변화시키고자 했던 후쿠타케 소이치로Fukutake Soichiro의 욕망은 바다 한쪽 끝에서 인 물결이 반대쪽 끝에 이를 정도로 강렬했다. 이 이야기는 두 남자의 사진에서 시작된다. 두 사람 모두 마흔 살 안팎으로, 양복을 입고 안경을 썼다. 그들 양옆에는 어린 소나무가 서 있고, 제멋대로 훌쩍 자란 풀이 반짝반짝 광을 낸 두 사람의 구두 위로 삐죽삐죽 고개를 내밀고 있다. 한 사람은 옅은 색 양복과 흰색 셔츠 차림에 줄무늬 넥타이를 맸으며 손에는 설계도를 들고 있다. 또 한 사람은 짙은 색 양복을 입고 먼 곳을 손으로 가리키고 있다. 사진이 촬영된 해는 1985년. 두 사람은 당시 나오시마Naoshima 섬의 시장이었던 미야케 지카쓰구Miyake Chikatsugu와 이 섬에 땅을 매입한, 소이치로의 아버지 후쿠타케 데쓰히코Fukutake Tetsuhiko다. 그들 뒤로 보이는 바다는 은빛으로 빛나고 그 위에는 담황색 하늘이 펼쳐져 있다. 그러나 사진 속 풍경에 속아서는 안 된다. 고베, 오사카 그리고 히로시마의 공장들은 수십 년 동안 이 바다로 독을 흘려보내고 있었다. 고래는 더 이상 이곳을 찾지 않고, 나오시마 섬은 초췌한 모습으로 변했다. 이곳에서 미술과 건축 그리고 자연을 한데 담고자 했던 후쿠타케와 미야케는 도움의 손길이 필요함을 알고 있었다.

시코쿠Shikoku가 혼슈Honshū에서 떨어져 나가면서 생긴 것처럼 보이는 세토 내해Seto Inland Sea에는 시코쿠가 멀어지며 흩뿌려놓은 듯한 작은 섬들이 떠있는데 나오시마 섬도 그중 하나다. 나오시마 섬은 혼슈 우노Uno 항에 바짝 붙어있지만 멀리 떨어진 시코쿠 다카마쓰Takamatsu에 속한다. 나오시마는 인구 수천 명의 작은 섬으로, 섬 중심부의 도시 북쪽에 제련 공장이 모인 회색 콘크리트 건물 밀집 지대와 남쪽의 푸르른 녹지로 나뉜다. 데쓰히코는 나오시마 섬에서 긴 띠 모양의 땅을 샀지만 4년 뒤 세상을 떠났다. 그가 교육 사업을 펼치며 일군 왕국은 아들에게 넘겨졌다. 후쿠타케 소이치로는 '훌륭하게'라는 뜻의 라틴어 '베네bene'와 '존재'를 뜻하는 '에세esse'를 조합해서 왕국의 이름을 '베네세Benesse'라고 짓고 몽골에서 유르트yurt(몽골과 시베리아 유목민들의 전통 텐트)를 들여와 아버지가 꿈꾸던 교육 캠프를 건설했다. 잔디밭에는 어린아이가 그린 것 같은 작품이 놓여있다. 개구리 한 마리가 등을 바닥에 댄 채 누워있고, 고양이 한 마리가 개구리의 물갈퀴 발 위에 네 발을 디딘 채 올라앉아 있다. 검은색과 분홍색의 눈을 가진 고양이는 빨간색 코와 주황색 몸, 동그랗게 말린 파란색 꼬리가 있다. 개구리의 색도 못지않게 화려하다. 바다를 배경으로 소나무 한 그루가 과달루페 성모를 감싼 후광처럼 개구리와 고양이의 윤곽을 그린다. 카렐 아펠Karel Appel의 '개구리와 고양이Frog and Cat'는 소이치로가 나오시마 섬에 기증한 첫 작품이다.

소이치로가 나오시마 섬에 품은 야망은 안도 다다오Ando Tadao의 빈틈없는 감독 아래 거대한 말발굽 모양의 건물 세 채를 지어 올리면서 구체화되기 시작했다. 스타 건축가 안도 다다오는 나오시마 섬을 대표하는 작가로, 1992년 여름에 문을 연 그의 작품 베네세 하우스Benesse House는 사람과 예술 작품 모두를 손님으로 맞이한다. 안도는 곳이 파고든 곳에 건물을 이루는 사각형과 원형 틀 그리고 내벽을 세웠다. 베네세 하우스의 경사로와 뜰 그리고 현관은 나지막한 언덕과 비탈길 그리고 지평선을 바라본다. 안도의 상상은 비슷한 시간 간격을 두고 실현되었다. 그는 1995년 초록빛 식물로 둥그렇게 띠를 두른 베네세 하우스 오벌Benesse House Oval을 설계했고, 그로부터 11년 뒤 여유롭게 시간을 보내며 나무를 재료로 한 베네세 하우스 파크Benesse House Park를 완성했다. 또다시 10년이 흐른 뒤 소이치로는 그가 아끼는 건축가 안도의 '성지'를 위해

▶▶▶

The Secret of the Sky by **KAN YASUDA** (TOP)
View out to sea from **BENESSE HOUSE** (BOTTOM)

Water-Lily Pond by **CLAUDE MONET**

Dialogue (left) and Relatum-A Signal (right) by **LEE UFAN**

Architecture by **TADAO ANDO**

다시 한 번 사재를 털었고, 안도는 새로운 건물이 아닌 100년 된 전통 목조 주택을 개조했다. 안도는 자신의 개성을 드러내는 콘크리트를 건물 내부에 마음껏 사용했다.

나오시마 섬의 예술 작품들은 야생에서도 새 보금자리를 찾고 있다. 〈경계를 넘어서Out of Bounds〉라는 타이틀의 전시회는 나오시마 섬의 예술 작품들을 세상에 알렸다. 물방울무늬로 뒤덮이고 꼭지가 달린 채 골이 진 구사마 야요이Kusama Yayoi의 '호박'은 부두 위, 물가에 묵직하게 앉아 낮에는 택시처럼 노랗고 밤에는 빛난다. 예술 작품들은 구불구불한 오솔길과 소나무 숲, 나오시마 시내 뒷길에서도 자유를 즐긴다. 혼무라Honmura 마을의 빈집 창으로 기어오르고, 자갈판 위로 불쑥 모습을 드러내고, 화사하게 담장에 옷을 입히고, 무섭게 복도를 기어가고, 천장에서 환히 피어난 작품들도 있다. 2001년 9월, 나오시마 섬은 미술·건축·자연 융합 프로젝트 10주년을 기념하는 전시회 〈스탠더드Standard〉로 섬 전체를 뒤흔들었다.

나오시마 섬은 안도 다다오의 건축 작품 덕분에 2004년 세계가 주목하는 섬이 되었다. 안도는 지추 미술관Chichū Art Museum을 세워 햇살을 땅 속 깊숙이 끌어들여 제임스 터렐James Turrell의 예술혼 가득한 텅 빈 공간과 월터 드 마리아Walter de Maria의 거대한 구sphere를 비추었다. 이곳의 신성한 작품들 가운데 최고로 꼽히는 모네의 '수련' 5점은 더 밝은 다른 세상으로 통하는 창처럼 보인다. 2006년 '예술'이라는 이름의 거대한 파도가 또다시 밀려왔다. 나오시마 섬이 기획한 전시 〈스탠더드 2Standard 2〉는 2010년 제1회 세토우치 국제 예술제Setouchi Triennale 개최로 이어졌다. 행사 중 봇물 터지듯 쏟아진 예술 작품들이 데시마Teshima, 메기지마Megijima, 오기시마Ogishima, 쇼도시마Shodoshima, 오시마Oshima, 이누지마Inujima 섬까지 잠기게 했다. 3년 뒤, 또 다른 5개의 섬도 그 물결에 휩싸였다.

나오시마 섬은 새로운 모습으로 거듭났다. 숲에서는 심장 소리가 울려퍼지고, 고요한 골짜기의 콘크리트 터널에서는 이우환에게 보내는 찬사가 메아리치고, 대중목욕탕은 'I♥湯(아이 러브 유)'라고 외친다. 소이치로는 이 모든 것 한가운데에 머물고 있다. 미술과 건축 그리고 자연이 소나무 숲과 파친코 게임장에서 어우러지며 만드는 물결은 나오시마 섬 밖으로 퍼져나갈 것이다. 나오시마 섬이 들려주는 이야기 속 주인공은 미술가와 건축가, 섬 주민과 관광객, 건축업자와 정원사, 버스 운전사와 상점 주인 그리고 조금씩 빛을 되찾고 있는 바다다. ■

Pumpkin by **YAYOI KUSAMA**

맛을 기억하는 4가지 방식

글 박찬일 · 사진 선우형준

재료

―――

새벽 경매 시장, 팔딱이는 생선의 덧없음

요리하는 친구들과 가끔 산지産地에 간다. 흠, 실토하자면 놀러가는 거다. 물론 아내(여자 친구)에게는 이렇게 말한다. "산지 탐방 다녀와야 해." 식당의 흥망이 걸려있다는 듯 비장한 태도를 보여야 한다. 그렇게 서넛이 모여 산지를 향해 차에 올라타면 일제히 소리를 지른다. "야호!"

그렇게 방문한 산지는 요리 욕망을 자극한다. 이를테면, 당신이 지금쯤 울진 죽변 새벽 경매 시장을 들른다고 치자. 살이 있는 대로 올라 묵직한 박달게, 크지는 않지만 유선형으로 잘빠진 고등어에 살점이 붉디붉어 식욕을 돋우는 오징어. 거기에 귀한 피문어가 동그란 흡반을 가진 두툼한 다리를 꿈틀거린다면? 우선 먹고 싶어지겠지만, 요리사들은 그것을 '잘' 요리하고픈 의욕에 가득 찬다. 그리고는 제각기 생각한다. 자, 이 녀석들을 어떻게 서울로 가져가지? 하지만 주섬주섬 그런 재료들을 챙겨서 가는 곳은 서울의 식당 주방이 아니라, 부둣가의 즉석 횟집이다. 여기요, 박달게는 쪄서 주시고요, 오징어론 회를 쳐주세요…. 그놈들의 살점은 달지만 잠깐의 흥분이 가시고 나면 다들 씁쓸한 우울에 빠진다. 그렇다. 이렇게 좋은 재료들은 어디까지나 '산지'에나 있을 테니까.

요리사에게 "당신은 무엇으로 사는가요?"라고 물으면 제각기 답이 다르겠지만,
나는 '재료'라고 대답할 것 같다. 재료가 있어야 요리가 있을 것이므로.

산지에서나 제 살 속에 그곳의 기운을 그대로 간직하고 있을 테니까. 고속버스나 택배 화물에 실리는 순간, 그렇고 그런 서울의 흔해빠진 재료가 되어버릴 테니까. "이 피문어는 말입죠, 제가 죽변에서 잡아 올린 녀석인데 말입죠, 살이 살살 녹습니다." 어쩌구 해봐야 옆집에서 쓰는 문어와 무엇이 다르겠는가. 요리사에게 "당신은 무엇으로 사는가?"라고 물으면 제각기 답이 다르겠지만, 나는 '재료'라고 대답할 것 같다. 재료가 있어야 요리가 있을 것이므로.

식당에 랭킹을 매긴다는 건 참 어리석은 일이라고 생각하지만, 줄 세우는 걸 좋아하는 이들은 기를 쓰고 서열을 만든다. 그런 서열 중에 세계 일등을 차지한 저 북구의 식당이 있다. 그 집의 요리사는 좀 독특한 데가 있다. 로컬 푸드를 뼛속 깊이 받아들이는 정도를 떠나, 정치적으로 보일 만큼 철학적 태도를 견지한다. 북구에서는 나지도 않는 올리브유 대신 사냥한 동물의 지방을 쓴다거나, 어린 견습 요리사들을 방죽과 들판으로 내몰아 이끼와 어린 풀잎을 '채집'해오도록 독려한다. 내 후배 요리사가 이 집에서 그런 견습 생활을 했는데, 가장 기억에 남는 일이 무엇이냐는 질문에 "새벽부터 들판에서 바람을 맞는 일, 재료 비슷한 것이라고는 없을 것 같은 황량한 그곳에서 어쨌든 손님 식탁에 올릴 무엇이 나온다는 기적적인 사실"이라고 대답했다. 한때 요리 기술을 숨기기 위해 소스 배합은 직원들이 퇴근한 후에 하던 옛 요리사들에게는 놀랄 일이겠지만,

지금은 어디서든 기술을 얻을 수 있다. 인터넷에는 심지어 광둥식 남생이 수프 요리나 오스트레일리아식 애피타이저용 김치 요리법을 얻을 수 있다(여담이지만 진짜다. 오스트레일리아의 요리사들은 유별나게 김치와 한국식 치킨 요리에 집착하는 것처럼 보일 정도다). 그러나 좋은 재료를 구하는 건 점점 더 힘들어진다. 좋은 재료로 엉터리 요리를 만들 수는 있지만, 나쁜 재료로 좋은 요리를 만들 수는 없다. 재료는 요리의 팔할이며, 어쩌면 거의 대부분일 수도 있다. 피에몬테식 송로를 뿌린 파스타나 '사시미' 요리라면 당연히 그럴 것이다. 사람들의 걱정과는 달리, 지금 요리사들은 가장 재료가 풍성한 시대를 살고 있다. 한겨울에도 언제든 여름 재료를 받을 수 있으며(남북반구의 계절 차를 이용하거나 하우스에서 기른 재료를 이용할 수도 있다), 고기를 통째로 들여와 도살할 필요 없이 원하는 '스펙'의 부위를 '그램 단위'의 냉장육으로 받을 수 있다. "횡성산 거세우 특1등급 윗등심 4.87kg 가격 ₩290,132"이라는 청구서를 받고 입금하면 된다. 그러나 그런 완벽한 재료들은 오히려 요리사들의 소외를 불러온다. 저 죽변항 새벽 경매 시장에 나가서 한겨울에 덜덜 떨며 경매사들의 알 수 없는 '방언' 같은 외침을 들으며, 팔딱이는 생선을 보는 일이 얼마나 덧없는지 알게 되는 까닭이다. 결국 수화기를 집어 들고 이렇게 주문을 넣는 게 고작일 수밖에 없다. "저, 안녕하슈. 요즘 오징어 시세는 어때요? 뭐라고요? 좋은 게 통 안 들어온다고요? 피문어도 마찬가지라고요?" ■

추억

―――

결핍 상태에서 뇌의 회로에 저장된 음식들

내가 먹은, 인생에서 가장 모욕적인 음식은 건빵이었다. 86년 여름, 군대 신병교육대에 도착한 우리들에게 오리걸음을 시킨 조교는 식사 시간이 되자 우리 무리들 사이로 건빵 봉지와 우유팩을 던졌다. "자, 먹는 데 정확히 30초 준다. 실시!" 가혹한 훈련은 배고픔을 불러왔고, 나의 뇌는 포도당과 모욕 사이에서 방황했다. 건빵은 밀로 만든다. 밀은 죄가 없다. 밀이 자라는 목가적인 들판을 상상해보자. 멀리 젖소는 느긋하게 풀을 뜯고, 금속 우유통을 든 '알프스 소녀 하이디'가 젖소에게 다가가 유방을 천천히 쓰다듬은 후 "자, 착하지." 하면서 우유를 짠다. 그런 환경에서 자란 밀로 만든 건빵. 그런 환경에서 자란 젖소의 우유가 정성껏 포장되어 내게 배달되어야 정상이었다. 그러나 독사 같은 조교의 눈길 아래서 나를 포함한 신병들은 건빵 봉지를 뜯고 우유를 급히 마셔야만 했다.

존재를 가장 극명하게 설명하는 데, 음식보다 더 좋은 소재는 없는 것 같다. 음식은 사람의 정체성을 확인시켜준다. 어떻게 먹는가보다 무엇을 먹느냐에 집착하는 사람은 피억압 상태에 놓여있는 경우가 많다. 이를테면, 솔제니친의 소설은, 먹는 일의 간고함을 뚜렷하게 보여준다. 희멀건 수프 한 그릇에 대한 묘사는 시베리아의 겨울 추위나 간수들의 폭압 장면보다 더 선명하게 '수용소군도'를 드러낸다. 어려서 기억인데, 우리 집이 야반도주를 했다. 물론 그것은 나중에 안 일이고, 당시에는 '밤에 남몰래 하는 이사'였다. 겨우 몇몇 가재도구를 챙겨 들고 거리로 나섰다. 어머니는 배가 고프다는 나를 급히 포장마차에 끌고 들어갔다. 번듯한 식당은 모두 문을 닫은 시간이었을 것이다. 거기서 퉁퉁 불어터진 잔치국수를 한 그릇, 내게 먹였다. 굵은 고춧가루를 슬슬 뿌린, 화학조미료 맛이 듬뿍 나는 그 국수의 맛은 오래도록 내 기억에 남아있다. 그 당시 나는 아마 억압 상태였으리라고 생각하는데, 그 때문인지 그 기억이 아주 오래간다. 지금도 그 맛이 강렬하게 혀끝에서 맴돈다. 평화로운 분위기에서 먹은 잘 만든 음식보다 우리는 왜 억압 아래서 먹은 대충 만든 음식을 더 잘 기억할까. 그리하여 왜 먹는 일이 더 굴욕적이고 비참한 본능이라는 것을 상기하게 될까. 결핍은 맛을 기억하는 뇌의 동력을 최대로 끌어다 쓰는 것일까.

그런 의미에서 내가 기억하는 이탈리아 음식도 대개는 결핍 상태에서 뇌의 회로에 저장된 것들이다. 흔히 '토스카나'라고 하면, 따스하고 평화로운 여유를 떠올린다. 그러나 서부 해안 말고 내륙의 토스카나는 매우 가혹한 겨울을 보여준다. 나는 그 무렵, 이탈리아 와인을 취재해서 쓴 기사를 국내 잡지에 팔아 근근이 원고료로 연명하고 있었다. 그렇게 찾아간 토스카나의 겨울. 그날도 그랬다. 무지막지한 바람이 불고 눈발이 날렸다. 토스카나 남쪽을 차로 달리다 보면 마치 원뿔처럼 불쑥 솟은 땅이 있다. '몬테풀치아노'라는 곳으로,

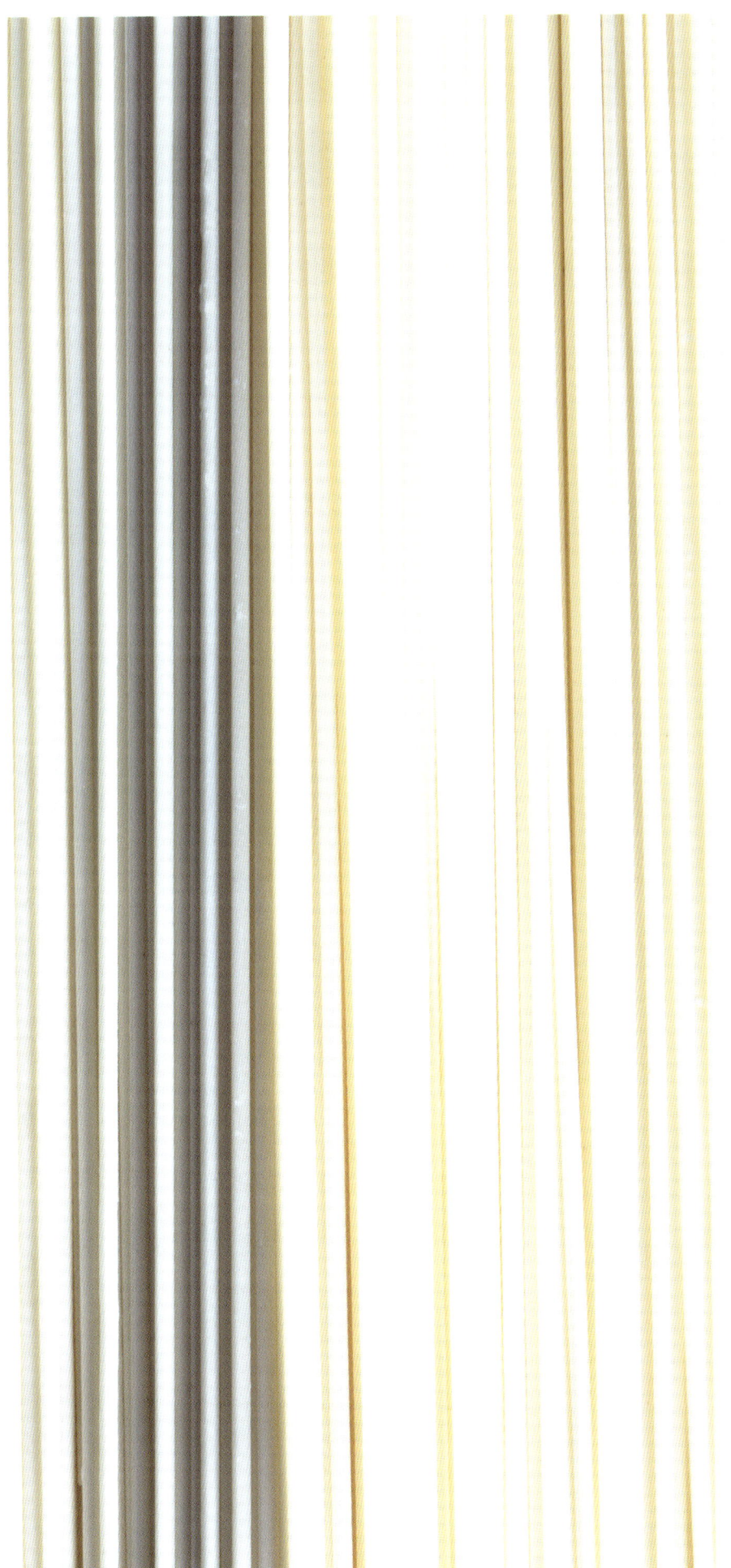

와인이 유명하다. 기차역에 내려 그 원뿔을 쳐다보니 아뿔싸, 너무도 먼 곳에 있었다. 택시도 버스도 없는 겨울 저녁. 하늘에는 상황에 맞는 소품 담당이 계셔서 하염없이 눈을 내리셨다. 펄펄. 토스카나에 눈이 오리라고 누가 생각했겠는가. 그렇게 '원뿔'을 쳐다보고 걸었다. 다리는 아프고, 몸은 떨렸다. 방한 장비도 없이, 그저 그런 코트 한 벌에 의지한 채. 눈발을 헤치며 한참을 걷자 멀리서 희미한 불빛이 보였다. 막 문을 닫으려는 동네 바르(일종의 카페)였다. 나그네에게 주인은 뜨거운 카페라테를 줬다. 오전이 아니면 팔지 않는 카페라테를 말이다(이탈리아에서는 카푸치노와 카페라테는 오전에만 마신다). 뜨거운 우유를 탄 커피가 천천히 배속을 데웠다. 바닥이 난 여비, 낡은 신발, 장갑도 끼지 않은 맨손…. 막막한 마음 저 밑으로 뜨거운 것이 쓱, 훑고 지나갔다. 먹고사는 일의 막막함 같은 것이었다고 기억한다. 나는 원뿔을 향해 걸었다. 다음날의 취재를 위해 낡은 여관에 묵었다. 먼지 냄새 가득 찬 방에 누워 빨갛게 언 코까지 더러운 이불을 끌어 덮었다. 살아보자, 라고 생각했다. 참, 그날 밤 내가 먹었던 음식은 소 내장 요리였을 것이다. 뜨거운 고추와 토마토가 들어간 싸구려 냄비 요리. 나는 지금 일하는 식당에서 이 요리를 판다. 그것은 그 시절의 내게 바치는 작은 인사다. 아무도, 그 음식의 내력을 모른다. 오직 나 홀로 내장 요리에 서린 지난 세월의 막막함을 기억할 뿐이다. ■

우리는 왜 작업 다이어터 먹은 음식 만든 용서를 다 잘 기억할까
그리하여 왜 먹는 일마다 더 솔직하고 더 책임감 있는 자기로 있을 수 있을까 한다

도구

―――

부엌에 칼만 필요한 것은 아니다

다른 나라의 요리를 배우는 사람들은 요리 도구 이름을 새로 다 외워야 한다. 요리 도구는 국제 표준이랄 것도 없어서 나라마다 제각각이다. 본디 모든 사물은 이름을 얻음으로써 그 정체성을 얻게 되는 법인데, 그저 '칼'이라고 부르는 금속의 날붙이가 갑자기 이탈리아어 '콜텔로coltello'가 되면 전혀 다른 물체처럼 느껴진다. 내가 이탈리아에 가서 제일 먼저 한 일은, 칼도마와 포크와 접시의 이탈리아 이름을 외우고, 볶고 끓이고 삶는다는 동사를 역시 이탈리아어로 익히는 것이었다. 처음 보는 도구가 아니었지만, 이름이 달라지면 그 도구의 성격이 바뀌는 것 같았다. 예를 들자면 '김현수'라는, 너무도 한국적인 이름을 가진 사람을 '에드워드 킴'이라는 서양 이름으로 부르면 이미지가 전혀 다른 딴 사람처럼 느껴지듯이(왠지 품도 좀 나지 않나? 우리 안의 맹목적 사대事大를 시험하는 리트머스지 같은). 어쨌든 주방의 여러 도구 중에 한국에는 없는 것이 있었다. 보통 한국 요리에서는 육수를 거둬 내릴 때 '체'라고 부르는 도구를 쓴다. 그것이 대나무 제품이든 스테인리스이든. 그런데 서양 나라에서는 '시누아chinois(중국인이라는 뜻의 프랑스어)'라는 요상한 물건이 동원된다.

술도가에서 쓰는 용수(맑은 술을 떠내기 위해 술에 박아두는 도구) 같은 그 물체를 볼 때마다 나는 묘한 기분에 사로잡히곤 했다. 그들의 명명이 오리엔탈리즘의 결과는 아니겠지만, 자꾸 내 얼굴과 정체성을 상기시켰던 것이다. 중국인은 아시아 인종을 대표해 오랫동안 유럽에서 신비와 공포, 때로는 경멸과 하대의 한 상징처럼 여겨졌다. 그들에게 한국인과 중국인의 차이를 설명하는 일도 무상한 것이었다. 우리가 슬로베니아와 슬로바키아조차 구별 못하듯이. 그리고 굳이 그럴 필요가 없듯이. 그래서 그 서양 요리사들이 내게 '시누아'를 쓰도록 명령할 때마다 나는 묘한 기분에 사로잡혔던 것이다. 내가 중국인처럼 보이는 것일까?

그 도구가 '중국인'이라는 이름을 서양에서 얻은 것은 그 거대한 대륙에서 온 이들이 쓴 모자 때문이었다. 둥근 테가 둘려있고, 위가 뾰족하게 솟은 모자 말이다. 시누아를 둘러싼 너절한 내 생각을 지우고 나면, 시누아는 아주 쓸모 있다. 흔한 체와 달리 아주 튼튼해서 소뼈다귀 더미가 그득 들은 원^{原} 소스를 듬뿍 들이부어도 결코 찌그러지는 법이 없고, 끝에 갈고리가 달려서 소스를 받을 그릇에 걸쳐두면 소스가 넘치는 일 없이 임무를 완수할 수 있게 해준다. 게다가 촘촘하게 뚫린 수많은 구멍은 건더기 없이 매끈한 소스만 걸러낼 수 있게 해준다. 소스를 많이 쓰는 서양 요리에서 시누아는 아주 훌륭한 일을 매일 해내는 셈이다. 서양의 요리사들은 지금 유럽 관광지를 '시누아들'이 메우기 전부터 그들을 불러오고 있었다. "이봐 견습! 시누아를 가져와서 소스를 내리게."

※ ※ ※

소스는 어쩌면 서양 요리에서 주인공을 떠받치는 가장 중요한 조연인 것 같다. 그 뻔한 로스트 치킨과 비프 스테이크에 변화를 줄 수 있는 건 소스뿐이니까. 자, 소 한 마리가 있다고 치자. 먹음직스러운 등심과 안심을 스테이크로 만들려면 그저 잘라서 구울 준비만 하면 된다. 소스는? 요리사가 월급을 제대로 받을 가치가 있는지 확인받는 단계다. 그러기 위해서 소의 다른 부위들, 그러니까 살코기가 붙어있던 여러 뼈들로 잘 만들어야 한다. 그 뼈에 여러 가지 채소와 허브를 넣어 오랫동안 끓여 소스를 얻게 되는 것이다. 물론 '시누아'를 거쳐서 말이다.

시누아는 지금도 여느 서양 요리사들이 일하는 주방 벽에 걸려있다. 둥그런 냄비, 기다란 국자 옆에 '중국인'이라는 이름을 가지고 불쑥 솟아있다. 언제든지 "소 뼈다귀쯤이야!" 하면서. ■

사람

―――

다같이 먹고살자는 마음이 눈물겨운 이유

저어기, 보스포루스 해협에는 고등어떼가 지나간다. 지중해 참치가 녀석들을 잡아먹기 위해 그 거대한 유선형의 몸통으로 쏜살같이 달려들면, 고등어는 떼를 지어 더 빨리 도망간다. 그때 어부의 그물에 걸린다. 참치떼의 위협을 받아 빨리 달려야 하는 보스포루스 해협의 고등어는, 우리 남해의 그것과는 달리 아주 날씬하다. 물이 우리의 겨울 바다처럼 차갑지 않으니, 배에 기름을 그다지 많이 저장하지 않는다. 멀리서 보면 날렵한 서양 부엌칼처럼 생겼다. 이스탄불에 가는 사람들은 시내에 산재한 거대한 바자(시장)들을 구경하고, 양탄자를 흥정하거나 대추야자로 만든 엄청나게 단 과자를 산다. 이런 바자에서 한국어가 들린다. 그들의 호객 소리다. 언니, 오빠, 싸요. 양탄자는 흥정하기 어렵다. 어떤 여자들이, 가족의 생계를 걸고 그것을 한 올 한 올 짜는 장면을 떠올리지 말아야 한다. 그 수고를 생각하는 건 흥정을 어렵게 한다.

해가 지는 해협으로 향한다. 그리고 고등어 샌드위치를 먹는다. 이 해협의 샌드위치 장사꾼들은 흔들거리는 배 위에 있는 거대한 그릴 위에 배를 따고 포를 뜬 고등어를 굽는다. 고등어 연기는 해협을 모두 덮을 듯 퍼져나가고, 갈매기들은 고등어 내장과 대가리를 노리고 뱃전에 달려든다. 파도가 거세지는 일은 드물지만 바람이 불어 배가 기우뚱하면 요리사들은 중심을 잡느라 이마에 힘을 준다. 그 때문에 더 무뚝뚝하게 보인다. 그 요리사들의 다리는 아주 튼튼할 것이다. 그들에게 자그마한 터키 지폐를 내밀고 샌드위치를 받아든다. 작은 종이 한 장에 싸인 샌드위치는 금방이라

▷▷▷

도 기름을 줄줄 흘려 서방에서 온 여행자들의 손을 더럽힐 것 같다. 그 순간, 갈매기처럼 소년들이 나타난다. 샌드위치 굽는 배의 주인들은 티슈 따위는 팔지 않는다. 소년들에게 양보하는 것일까. 그럴 것이다. 그렇게 생각하기로 한다. 티슈! 티슈! 작은 포장의 티슈를 눈 까만 소년들이 판다. 기름기 적은 고등어를 바게트 위에 얹어 한 입 물면 틀림없이 목이 멘다. 갈매기가 서러워서도 아니고, 요리사들의 다리가 가여워서도 아니다. 보스포루스 해협에서는 누구나 시간이 서러워서 목이 멘다. 그 목에 딱딱한 바게트는 설상가상이다. 이때 다시 소년들이 나타난다. 미지근한 콜라캔을 내민다. 우리는 그렇게, 다 같은 세계가 되어 주머니를 털어 돈을 나누고 딱딱한 빵을 넘기는 것이다. 음, 지중해의 고등어 맛을 음미하면서. 이것이 흔쾌하지 않다면 미리 티슈와 음료수를 챙겨 가면 된다. 녀석들은 심하게 채근하지 않는다. 보스포루스 해협의 룰이다.

터키에는 '대신 먹어주는 여자'가 있었다고 한다. 후지와라 신야의 카메라에 잡힌 그녀들은 아주 당당해 보였다. 그것은 얻어먹는 일이 아니라 엄청난 양의 음식을 주문한(또는 주문하지 않을 수 없는) 여행자를 돕는 자의 평온한 눈빛이었다. 나는 이스탄불에서 그런 식당을 찾고자 했으나 실패했다. 먹어주는 여자 따위는 이제 없어, 누구나 병을 걱정하거든. 나는 대신 많은 양의 음식을 주문해서 가능한 한 다 먹어치우려 노력했다. 대신 먹어주는 사람의 마음을 이해하기라도 하는 것처럼 산더미 같은 찰기 부족한 쌀밥과 너무 구워서 메마른 양고기 조각과 식후에 나오는, 너무나 달아서 헛바닥이 녹아버릴 것 같은 디저트까지 먹었다. 식당 밖에 소년들이 나타나서 터키시 아이스크림을 팔았다. 나는 그 달디 단 아이스크림 몇 개를 사서 녀석들에게 다시 나눠주었다. 대신 먹어주는 여자가 없었으니까.

I

예술 & 디자인

스프링 스트리트 101번지
101 SPRING STREET

저드 재단을 방문하다

글 존 퍼슨John Pawson 사진 저스틴 청Justin Chung

"나는 작품을 배열하고 작품에 어울리는 분위기로 건물을 손보아 고치는 데에 많은 시간을 들였다.
또한 나는 처음부터 모든 것이 중요하게 여겨지고 작품 하나하나가 영구히 자리를 지키도록 계획했다."

도널드 저드 Donald Judd, 1989

저드는 공간의 중요성을 깊이 이해했으며 '미니멀리즘'이라는 용어보다는 '복잡한 사고의 단순한 표현'이라는 말을 좋아했다. 스프링 스트리트 101번지는 마파Marfa 사막 한가운데에 세운 미술관처럼 저드만의 독특한 예술관을 오롯이 담고 있다. 저드는 19세기에 길모퉁이에 세워진, 지하 2층·지상 5층짜리 주철 건물을 전시관으로 개조하면서, 아무것도 없던 상태에서 새로 만든 공간만이 특별하고 정제된 분위기를 풍길 수 있는 것은 아님을 증명했다. 이곳을 방문한 관람객들은 자신이 사람과 예술 작품 모두를 위한 편안한 공간에 들어와 있음을 느낀다. 원래 건물 상태가 층마다 달랐기 때문에 개조 작업 또한 각 층별로 조금씩 다르게 진행되었다. 이를테면 꼭대기층은 바닥이 내려앉은 것처럼 보이게 하려고 굽도리널 재료로 바닥재와 같은 오크oak를 사용했다. 반대로 3층에는 굽도리널을 두르지 않고 벽과 바닥 사이를 띄워서 전혀 다른 분위기를 연출했다. 개성 넘치면서도 아늑한 분위기를 물씬 풍기는 이곳에는 우리가 생활하고, 일하고, 함께하는 집을 그대로 옮겨놓은 듯한 공간에 다른 여러 작가의 작품도 함께 전시되어 있다. 또한 주방 용품, 플랫폼 침대platform bed, 스탠딩 데스크standing desk에서부터 저드의 두 자녀 레이너Rainer와 플래빈Flavin이 연극 놀이를 할 때 갖고 놀던, 경첩 달린 나무 병풍에 이르기까지 온갖 물건이 있다. 몇 해 전 멕시코시티Mexico City에서 루이스 바라간Luis Barragán이 살던 집을 방문했을 때 나는 바라간이 막 방에서 나간 것 같은 기분을 느꼈다. 그리고 스프링 스트리트 101번지에서 그날 느꼈던 것보다 더 강렬한 기분에 사로잡혔다. 그것은 아마도 내가 저드를 만난 적이 있으며 공간 속에서 그의 존재가 지녔던 의미를 똑똑히 기억하고 있기 때문인지도 모른다. ■

JUDDFOUNDATION.ORG

도널드 저드 : 불멸의 영감

글 찰리 리 포터 Charlie Lee-Potter

작품에 작가의 개성을 불어넣어서는 안 된다는 도널드 저드의 철학을 생각하면 실수 없이 그에 대한 글을 쓰기가 쉽지 않다. 저드는 특히 작가 자신을 드러내는 일 없이 예술품 자체로 존재를 또렷이 내보이는 작품을 만들고자 했다.

저드의 작품을 평가할 때 저지르기 쉬운 실수 가운데 하나는 그가 예술에, 특히 입체 조형에 조예가 깊다는 이유만으로 그가 만든 모든 것을 예술 작품으로 여기는 것이다. 우리는 "누군가 자신이 만든 것을 예술 작품이라고 말한다면 그것은 예술 작품이다."라는 저드의 말에서 판단 기준을 찾을 수 있을 것이다. 그러나 저드는 동시에 반대되는 견해 또한 내놓으면서 문제를 복잡하게 만들었다. 관찰자인 우리가 대상을 예술 작품이라고 믿더라고 그것을 만든 사람이 아니라고 말한다면 그것은 예술 작품이 될 수 없다. 저드는 이러한 원칙을 염두에 둔 채 가구를 디자인했다. "예술 작품과 가구는 다른 의미를 지닌다. 가구는 실용적이어야 한다. 기능성을 지니지 못한 채 예술 작품처럼 보이기만 하는 의자나 건물은 우스꽝스럽다. 의자가 지닌 예술성은 예술 작품과의 유사성이 아니라 합리성과 유용성에 있다. 예술 작품은 예술 작품으로서 존재하며 의자는 의자로서 존재한다."[1] 이것은 엄격하지만 흠잡을 데 없는 접근 방식이었다. 의자는 의자다. 저드는 은유를 싫어했다. 그래서 그는 입버릇처럼 백파이프 연주곡이 자신이 가장 좋아하는 음악이라고 말하면서, 그것이 인간의 대화를 떠올리게 하지 않는 유일한 음악이라는 설명을 덧붙였다. 또한 그는 '특수성 specificity'이라는 단어를 좋아했다. 그는 각 대상의 형태, 부피, 색, 표면은 다른 무언가를 닮거나, 떠올리게 하거나, 대표하는 것이 아니라, 그 자체만의 성질을 지닌다고 생각했다.

비평가들은 여전히 저드를 '미니멀리스트'라고 부른다. 그러나 그것은 저드가 혐오한 환원주의적(다양한 현상을 기본적인 하나의 원리나 요인으로 설명하려는 경향) 용어다. 1994년 저드가 사망한 뒤로 그의 자식들도 이 용어에 대한 반감을 계속해서 드러냈다. 2013년 아들 플래빈 저드는 "아버지를 미니멀리스트 또는 미국 예술가라고 부르지 마십시오."라고 기자들에게 간략한 지침을 내렸다. 저드가 내린 정의에 담긴 순수성 그리고 예술가는 관람객들의 작품 감상에서 배제되어야 함과 동시에 자신의 작품을 예술적으로 통제해야 한다는 그의 주장은 파괴적인 호소력을 갖는다. 우리는 작가의 모습이 그의 작품에 깊이 스며들어있다는 고정관념에서 쉽게 벗어나지 못한다. 또한 얼핏 드러나는 펜티멘티 pentimenti(제작 도중에 작가의 마음이 바뀌었음을 알 수 있게 하는, 완성작에서 아련히 내비치는 원래 작품의 흔적)를 몹시 좋아한다. 이를 참지 못한 저드는 자신이 작품 제작 과정에 존재했음을 드러내는 요소들을 하나씩 없애갔으며 작품 제작을 다른 사람에게 맡기기까지 했다. 그는 강철, 합판 그리고 그가 사랑한 플렉시글라스 Plexiglas(유리와 같이 투명한 합성 수

---

1. Donald Judd, *It's Hard to Find a Good Lamp*, 1993

지)를 비롯한 여러 산업 자재를 이용해 동일한 패턴과 형태를 반복적으로 사용하면서 예술 작품이 개성적이어야 한다는 틀에서 벗어났다.

저드가 2014년 테이트 모던Tate Modern 사건을 봤다면 어떤 반응을 보였을까. 우리는 이 사건에서 흥미로운 철학적 질문을 던질 수 있다. 저드는 산업 공정을 좋아했으며 튼튼하고 탄력 있는 재료를 즐겨 사용했음을 기억하자. 그는 관찰자의 눈에 자신의 모습이 드러나는 것을 거부했고, 작품 제작을 타인에게 맡길 수 있음을 반겼다. 그러나 그 역시 자신의 작품 '무제 1980'이 겪은 일에는 크게 화를 냈을 것이라고 생각한다. '무제 1980'은 강철, 알루미늄, 플렉시글라스로 제작된 동일한 직사각형 모양의 상자 10개를 하얀 벽에 고정시킨 작품인데 그 모습이 꼭 허공에 떠있는 선반처럼 보인다. 상자들 사이의 간격 그리고 맨 아래 상자와 바닥 사이의 간격은 상자 하나의 높이와 똑같다. 작품의 정확한 배치에서는 편안함이 느껴지고, 사용된 재료에서는 마음을 달래주는 매끄러움이 느껴진다. 미술관을 찾은 한 아이도 바로 이런 기분을 느낀 것이 틀림없다. 아이는 맨 아래 상자 위로 비집고 들어가 배를 깔고 엎드린 채 전시실 풍경을 즐겼다. 이에 화가 난 한 관람객이 이 모습을 촬영해 트위터에 올렸고, 열띤 논쟁이 며칠 동안 이어졌다. 영국의 시각예술가인 채프먼 형제the Chapman brothers도 나섰는데 제이크 채프먼Jake Chapman은 미술관에 아이를 데려오는 부모들을 '오만하다'고 비난하면서 아이들의 미술관 관람은 '시간 낭비'일 뿐이라고 주장했다. 저드 역시 자신의 작품에 올라가는 아이에게 당연히 안 된다고 말할 것이다. 많은 예술가들이 이러한 상황 앞에서 분노를 느낄 테지만, 나는 공산품처럼 산업 공정을 거쳐 제작한 예술 작품을 선반으로 인식한 아이에게 화를 내기에 앞서 깊은 철학적 고민을 먼저 해야 한다고 본다.

1970년대에 어린 시절을 보낸 나는 내가 가진 장난감 중에서 날개가 펼쳐지는 작은 자동차 모형 치티 치티 뱅뱅Chitty Chitty Bang Bang과 여러 해 동안 여기저기 뒤져보았지만 어디에 두었는지 결국 찾지 못한 '탐험Exploration'이라는 이름의 보드게임 그리고 빨간색과 초록색의 네모난 반투명 아크릴판이 담긴 반짝이는 하얀 상자 장난감을 무척 좋아했다. 이중 아크릴판 장난감은, 당시에는 몰랐지만, 도널드 저드의 미학에서 영감을 얻어 제작된 것이 틀림없다. 네모난 아크릴판 가장자리에 홈이 있어서 끝없이 다양한 모양으로 조립할 수 있었고, 나는 미래의 건물을 떠올리게 하는 탑, 나지막한 장벽, 여러 칸으로 나뉜 집 등을 만들며 놀았다. 한번은 아크릴판으로 조형물을 만들었다고 말했던 기억이 난다. 그것이 예술품이라고 주장하는 내 말에, 모두들 소리 내어 웃었다. 그러나 만약 저드가 그 자리에 있었다면 틀림없이 내가 조립한 아크릴판 또한 예술 작품이라고 말해주었을 것이다.

한센가의 유산
THE HANSEN LEGACY

―――

크누드 에릭 한센의 보금자리를 찾아가다

글 릴리 르브륑Lily Le Brun 사진 안데르스 쇠네만Anders Schønnemann
스타일링 나탈리 슈위Nathalie Schwer

"가구, 조명, 카펫, 음식, 음료… 모든 것은 조화를 이루어야 합니다."

덴마크의 푸넨Funen 섬에 자리한 헬레루프 매너 하우스Hellerup Manor House의 널찍한 실내에는 이곳의 주인에 대한 단서가 수없이 많다. 황토색과 빨간색으로 칠을 하고 흰색 장식 패널을 댄 방에 들어서면 동아시아와 아프리카의 골동품과 소품들이 멋진 20세기 덴마크 가구들과 어우러져 있다. 그 가운데 가장 눈에 띄는 것은 위시본 체어Wishbone Chair, 셸 체어Shell Chair, 나무를 엮어 만든 안락의자 등 한스 베그너Hans J Wegner가 가구공예가인 칼 한센Carl Hansen 그리고 그의 아들 홀거Holger와 공동작업으로 제작한 우아한 가구들이다.

17세기 말에 세워진 이 저택은 홀거 한센의 아들인 크누드 에릭Knud Erik의 보금자리다. 그는 현재 칼 한센 앤드 선의 최고경영자이자 소유주다. 3대째 내려오는 기업을 이어받아 할아버지, 아버지, 어머니 그리고 형이 거쳐간 자리에 앉아있다.

그는 칼 한센 앤드 선의 최고경영자로 취임한 2002년에 헬레루프 매너 하우스를 구입했다. 저택에 들여놓을 가구 선택은 그 혼자서 결정할 수 있는 일이 아니었다. 헬레루프 매너 하우스는 새로운 디자인의 시험장이자 칼 한센 앤드 선 제품의 전시장이 되었다. "새로운 제품을 만들 때면 언제나 그것이 우리 집에 놓인 모습을 상상해봅니다. 잘 어울릴지, 집에 들여놓고 싶은 가구인지 생각해 보는 거죠. 그러니까 우리가 만드는 가구는 제 취향에서 비롯된다고도 말할 수 있겠네요."

한센은 자신이 할아버지와 아버지로부터 취향을 물려받았거나 배웠다고 생각하지는 않을까? "그것은 적어도 107년 동안, 아니 어쩌면 더 오랫동안 제 마음 속에 자리 잡고 있었던 것 같아요." 한센은 유쾌하게 말한다. "저희 집안 문화의 한 부분이죠." 그는 저녁 식탁에 앉아 부모님이 주고받던 대화를 떠올리며, 1908년에 설립된 회사에 대해서 알아야 할 내용들이 어머니의 젖과 함께 그의 몸에 흘러들었다고 이야기한다. "형하고 저는 태어난 순간부터 회사에 발을 들여놓은 셈이죠."

그러나 두 형제에게 거는 기대는 매우 달랐다. 전통에 따라 장차 회사를 물려받아야 할 장남 요르겐 게르너Jørgen Gerner는 할아버지와 아버지가 그랬던 것처럼 목공을 배웠다. 형이 1988년 마침내 어머니의 뒤를 이어 회사 경영을 맡게 되었을 때, 동생 크누드 에릭은 지구 반대편에서 세계적인 해운 회사에 몸담은 채 고속 승진을 이어가고 있었다. 그의 머릿속에 가구 생각은 없었다.

크누드 에릭은 활기 넘치는 국제적 업무, 사업 전략 수립 그리고 영업에 적성을 드러내며 해외에서의 시간을 즐겼다. 그는 고향을 떠난 26년 동안 칼 한센 앤드 선의 경영에는 관여하지 않았고 회사를 맡을 생각도 없었다. 심지어 자신의 회사 지분을 모두 매각하려고까지 했다. 그러나 그는 형의 퇴임으로 회사 경영을 고려하게 되었다.

크누드 에릭이 기업과 전혀 상관없는 일을 하며 보낸 시간은 결국 칼 한센 앤드 선에게 큰 도움이 되었다. 그가 뛰어난 사업 감각을 익혔기 때문만은 아니다. 그는 동아시아와 남아프리카에서 생활하면서 덴마크 가구가 얼마나 훌륭한지를 깨

달았다. "그곳의 주택들은 정말 아름다웠지만 내부는 형편없었죠. 제 취향과는 전혀 맞지 않았어요. 그래서 제가 쓸 가구를 직접 구입했죠. 몇 가지 안 됐지만 사람들이 무척 좋아했어요." 그는 기후 때문에 덴마크 사람들은 실내에서 많은 시간을 보낸다고 말한다. "그래서 덴마크의 집들은 가구와 조명을 비롯한 집 안의 모든 것들이 특별합니다." 크누드 에릭은 인테리어를 할 때 자연으로부터 너무 멀어지지 않는 것이 중요하다고 말한다. 그래서 칼 한센 앤드 선의 모든 가구는 양모, 가죽, 초섬사, 나무 등 천연 재료로 만들어진다. "강철, 플라스틱, 알루미늄은 스트레스만 줄 뿐이죠." 베그너 자신을 비롯해 칼 한센 앤드 선과 작업을 함께한 많은 건축 디자이너들은 나무 이외의 다른 재료를 사용할 꿈도 꾸지 않는다. 이 모든 것이 집을 짓는 데 중요한 영향을 미친다. "가구, 조명, 카펫, 음식, 음료… 모든 것은 조화를 이루어야 합니다. 이런 분위기 속에서 이리저리 바쁘게 움직이는 대신에 여유롭게 앉아 대화를 나누는 거죠. 사람들과 더불어 시간을 보내면서 삶을 즐기는 겁니다."

크누드 에릭이 경영을 맡았을 때 칼 한센 앤드 선은 직원 17명을 두고 덴마크 안의 소매상과 거래하면서 위시본 체어만을 생산하고 있었다. 그러나 그는 우수한 목재와 간결한 디자인으로 해외 시장에서도 좋은 반응을 얻을 것임을 확신하고 더 넓은 공장을 구입하고 기계를 현대화하는 등 수출에 필요한 준비를 했다. 이울러 모겐스 코흐Mogens Koch, 카레 클린트Kaare Klint, 올레 벤셔Ole Wanscher의 옛 디자인에 다시 생명을 불어넣었고, 젊은 디자이너와 목수을 고용했다. 2011년 칼 한센 앤드 선은 덴마크에서 가장 오랜 역사를 지닌 가구 회사 루드 라스무센Rud. Rasmussen을 매입하며 덴마크 전통 가구에 대한 신뢰를 드러냈다. 크누드 에릭은 가슴이 아닌 머리만으로는 루드 라스무센을 매입할 수 없었을 것이라고 이야기한다. 따뜻한 가슴과 냉철한 사업가의 머리는 함께 훌륭한 일을 해냈다. 칼 한센 앤드 선은 현재 230명에 달하는 직원을 고용하고 있으며 세계 곳곳으로 제품을 수출한다. 4대도 가업을 물려받을 준비가 되어있는 듯하다. 크누드 에릭은 4명의 자녀가 원하는 일을 하도록 응원할 것임을 분명히 밝혔지만 셋째와 넷째는 칼 한센 앤드 선에 관심을 보이고 있다. '한센'이라는 가족의 울타리 안에서 자란 자녀가 가구업에 관심을 갖는 것보다 더 자연스러운 일이 있을까.

아티스트 시리즈 : 케리 시턴

보석세공사 케리 시턴Kerry Seaton은 〈시리얼〉과 협업해 은으로 손바닥만 한 크기의 작품 6점을 만들었다. 고요하고 평화로운 분위기에 부드러운 곡선을 그리면서 조약돌처럼 매끄러운 질감을 드러내는 작품 한 점 한 점은 손으로 만지거나 쥐어보고 싶은 충동을 불러일으킨다.

작품들은 저마다 섬세한 차이를 보인다. 케리 시턴은 은을 주조하고 용접한 뒤 거친 부분을 줄로 반들반들하게 다듬고, 가열하거나 용액에 담근 뒤 자연 산화시켜 작품을 제작했다. 해무가 채 걷히지 않은 이른 아침에서 영감을 얻어 작품이 희부연 빛을 내뿜도록 만들었다.

글 릴리 르브룅Lily Le Brun 사진 리치 스테이플턴Rich Stapleton

케리 시턴과 〈시리얼〉의 콜라보 작품은 shop.readcereal.com에서 구입할 수 있습니다.

필름 시리즈 : 퍼퓨머 H

아늑하고 세련된 분위기의 매장에 들어서면 핸드 블론 글라스hand blown glass 기법(금속 파이프의 끝에 유리를 묻힌 뒤 입김을 불어 성형하는 기법)으로 만든 여러 가지 색의 향수병이 가장 먼저 눈에 들어온다. 영국에서 유일하게 전통 방식으로 훈련을 받은 조향사 린 해리스Lyn Harris는 오늘도 이곳에서 새로운 향을 만들고 있다. 〈시리얼〉은 린 해리스가 퍼퓨머 HPerfumer H에서 이어가는 작업을 짧은 영상에 담았다. *readcereal.com/film*에서 그녀를 만날 수 있다.

글 로사 박Rosa Park 사진 리치 스테이플턴Rich Stapleton

시애틀 SEATTLE

미국 USA

―

47°36'28.1"N 122°20'04.3"W

아침 페리
A MORNING FERRY

———

베인브릿지 아일랜드를 오가는 길

글 숀 호치키스*Sean Hotchkiss* 사진 리치 스테이플턴*Rich Stapleton*

시애틀에서 베인브릿지 아일랜드Bainbridge Island로 향하는 배에 오른 것은 매번 아침 식사 약속 때문이었다. 2016년 2월에는 유명 산악인 피트 애선스Pete Athans의 소박한 집을 방문했다. 달걀 반숙과 중세 유물 같은 캠핑용 토스터로 바삭하게 구운 빵을 먹으며, 여러 차례 히말라야 정상에 올라 '미스터 에베레스트Mr Everest'라는 별명을 얻은 그를 인터뷰했다. 또 지난 10월에는 마찬가지로 배를 타고 바다를 건너, 담쟁이 덩굴로 뒤덮인 커피숍에서 〈시리얼〉 창간인들과 덴마크식 팬케이크를 나눴다.

두 번 다 어둠 속에서 눈을 떴다. (퓨젓 사운드Puget Sound에 흩어져있는 많은 섬에서 매일 아침 시애틀로 출근하려면 어둠에 익숙해져야 한다.) 샤워를 하고 이를 닦은 뒤 태평양 연안 북서부 특유의 눅눅한 추위에 대비해 옷을 여러 겹 껴입었다. 매번 동트기도 전에 알래스칸 웨이Alaskan Way를 향해 서둘러 도심을 가로질렀고, 시간에 맞춰 터미널에 도착한 뒤 배에 올랐다. 부두에 들어와 있는 거대한 페리가 흔들리며 뱃고동을 울렸다. 첫 여행에서 사진작가인 친구와 나는 렌트카 안에서 몸을 옹크리고 앉아 얼터너티브 록을 들었다. 천국에서 들려오는 듯한 음악이 2월의 휘몰아치는 바람 소리를 누그러뜨려주었다. 아침 풍경을 감상하기 위한 대가치고는 매섭게 추운 날이었다.

10월 여행은 달랐다. 입고 간 가죽 재킷이 히치콕의 영화에나 등장할 법한 안개 속에서 잠시 머물러도 좋을 만큼 바람을 잘 막아주었다. 시애틀은 소리 없이 멀어져갔고, 뱃머리에서는 바로 아래쪽 바다만 보였다. 가까운 섬들이 어렴풋이 모습을 드러냈다. 잿빛 안개 위로 삐죽삐죽 고개를 내민 해송black pine과 해변을 따라 늘어선 하얀 미늘벽 집들이 보였다. 배는 물살을 가르며 앞으로 나아갔다. 얼굴에 부딪히는 축축한 바람에서 흔히 맛볼 수 없는 자유가 느껴졌다.

우리는 갑판에서 내려와 카페테리아로 들어갔고, 보온기 안에 들어있던 부리토를 집어둔 뒤 옹기종기 모여 앉았다. 안전모를 쓴 남자들이 카페테리아 안으로 발을 끌며 걸어 들어왔다. 코를 킁킁대는 개들, 나지막이 대화를 주고받거나 쪽잠을 자는 사람들. 배는 반쯤 잠들어있었다.

30분 뒤 페리는 이글 하버Eagle Harbour에 닿았다. 일터와 학교로 향하는 차들이 주차장을 가득 매운 채 승선 신호를 기다리고 있었다. 자전거를 타고 온 헬멧 쓴 사람들도 신나게 이야기를 나누면서 배에 오를 차례를 기다렸다. 올해 600만 명이 넘는 승객이 이 배로 시애틀을 오갈 것이다. 날마다 배에 오르는 사람들은 습기, 추위, 더위, 어둠, 따가운 햇살을 무릅써야 하지만 바닷길로 출퇴근하는 드문 경험을 할 수 있다.

베인브릿지 아일랜드 중심가에서는 누구라도 차분해진다. 동료들과 나는 이 섬에 올 때마다 항구에서 이어진 길을 따라 윈슬로Winslow 쪽으로 걸음을 옮겼다. 첫 여행 때는 블랙버드 베이커리Blackbird Bakery에 들러 에스프레소를 마셨고, 두 번째 여행 때는 아늑한 페가수스 커피 하우스Pegasus Coffee House의 창 옆자리에 앉아 달콤한 팬케이크와 달걀 그리고 김이 모락모락 나는 따뜻한 차를 즐겼다.

피트도 우리에게 달걀을 대접했다. 아내 그리고 두 아이와 함께 사는 그의 집 뒤쪽에 있는 닭장에서 금방 가져온 신선한 달걀이었다. 피트는 잠에서 깨면 하루도 거르는 일 없이 명상의 시간(미스터 에베레스트는 불교 신자다)을 가진 뒤 정성 들여 내린 커피를 마시고, 이끼로 뒤덮인 오솔길을 따라 산을 오른다. 매일 아침 반복되는 그의 일상은 이미 선禪으로 가득한 그곳에 고요를 더한다.

베인브릿지 아일랜드를 떠나 아침나절에 시애틀로 돌아가는 배 여행으로 마음이 푸근했다. 두 번 다 해무가 걷히면서 스페이스 니들Space Needle이 우뚝 솟은 시애틀의 스카이라인이 모습을 드러냈고, 여기저기서 사람들이 아이폰을 치켜들고 카메라에 풍경을 담았다. 거센 바람에 펄럭대는 겉옷과 이따금 바람이 채 가는 야구모자에 깔깔거리는 승객들도 있고 우리처럼 고요한 만족감에 취한 사람들도 있었다. 우리는 충만감을 느꼈고, 물 위에 떠있었고, 행복했다. 하루는 이제 막 시작되었을 뿐이었다. ■

패스트 컴퍼니
FAST COMPANY

토토카엘로의 CEO 질 웽거와의 인터뷰

글 숀 호치키스*Sean Hotchkiss* 사진 저스틴 청*Justin Chung* & 리치 스태이플턴*Rich Stapleton*

'관습에 얽매이지 않는 사람', '괴짜', '수수께끼 같은 사람'. 친구들과 동료들 그리고 기자들은 토토카엘로Totokaelo의 설립자이자 CEO인 질 웽거Jill Wenger를 이렇게 묘사한다. 나는 몇 달 동안 시도한 끝에 질 웽거는 함께 커피를 마시기 매우 어려운 사람이라는 결론에 이르렀다. 웽거는 스튜어디스라도 되는 듯 세계를 누빈다. 우리는 드문드문 메일을 주고받은 뒤 마침내 석 달 전에 뉴욕에 문을 연 그녀의 가게에서 만나기로 했다. 12월의 흐린 아침, 축축하게 비가 내렸다. 가게에 들어서자 문신을 한, 값비싼 스웨터 차림의 직원들이 헤링본 마루 위로 미끄러지듯 걸어와 미소를 지으며 물었다. "질을 찾으시나요?" 고개를 끄덕인 뒤 가게 안을 서성였다. 새하얀 벽과 나무 천장으로 마감된 매장은 고미다락 같은 분위기를 풍겼다. 브루탈리즘Brutalism 양식 의자들과 화려한 카펫도 군데군데 놓여있었다. 잠시 후 나는 웽거가 약속 장소를 바꾸려고 전화를 걸고 메일도 보냈다는 사실을 알게 되었다.

남쪽으로 서너 블록 떨어진 건물에 이르러 엘리베이터를 타고 6층으로 올라갔다. 그녀의 사무실 철제 문을 당겨 열자 "안녕하세요! 어서 오세요!" 하고 웽거가 반갑게 내 이름을 불렀다. "부재중 전화를 확인 안 하셨어요?" 웽거는 한 손으로 앞머리를 매만지면서 일어섰다. "휴, 등이 아파 죽겠어요." 그녀는 얼굴을 찡그리면서도 미소를 머금은 채 말했다. 바닥에 닿을 만큼 기장이 긴 감청색 외투, 꽃무늬 실크 셔츠, 흰색 로탑 스니커즈. 그녀는 단정치 못해 보일 만큼 편하면서도 멋들어진 옷을 입고 있었다. 그녀의 가게는 바로 이런 스타일로 유명하다. "몇 주 전에 롤러스케이트를 타다가 척추에 금이 갔어요." 그녀는 예사로운 말투로 말했다. "괜히 으스대다 그랬지 뭐예요. 쌩쌩 달리면서 크로스오버를 하다가 넘어졌어요." 그녀가 당시의 동작을 보여주려고 허리를 굽혔다.

나는 웽거가 마음에 들었다. 따뜻하고 사근사근했다. 그녀는 회의실로 나를 안내했고, 나는 질문을 시작했다. "저도 여느 소비자와 다름없었죠. 그러다 엘리트 집단이 드나드는 부티크에 가지 않고도 디자이너 의류를 구할 수 있으면 좋겠다고 생각했어요." 그녀가 토토카엘로의 문을 열게 된 계기를 이렇게 설명했다. "당시 저는 스케이트와 스트리트웨어Streetwear 브랜드를 두루 살펴보고 있었어요. 친구 한 명이 로스앤젤레스에 있는 슈프림Supreme과 유니온Union 매장에 저를 데려갔죠. 그곳에서 전 옷을 파는 것에 그쳐서는 안 된다는 것을, 고객이 속하고 싶어 하는 클럽, 즐길 수 있는 클럽을 만들어야 한다는 사실을 깨달았어요." 웽거가 탁자의 가장자리를 가볍게 두드렸다. 내 판단이 맞다면 그녀는 끊임없이 움직이는 사람, 늘 호기심으로 가득한 사람이다. 같은 일을 너무 오랫동안 하는 그녀의 모습은 상상하기 어렵다. 앉아있는 것도 마찬가지다. 직원 한 명이 '당신과 비욘세Beyoncé에게는 날마다 같은 양의 시간이 주어진다.'라고 인쇄된 머그에 물을 담아 왔다. "저는 머물고 싶은 공간을 만들어요. 저와 비슷한 성향을 가진 사람들이 그 공간에서 저처럼 머물고 싶어 하기를 바랍니다." 웽거는 자신의 두 매장에 대해 이렇게 말했다. 예술계와 방송계 사람들이 이곳을 즐겨 찾는 것만 보아도 웽거는 뜻을 이룬 것이 분명하다.

아름답게 설계되고 세심하게 상품을 진열한 토토카엘로 매장은 뉴욕에서 금세 벤치마킹되기 시작했다. 토토카엘로는 검정색 옷과 흰색 옷을 서로 다른 공간에 배치하고 위층에는 다양한 색의 옷을 진열한다. 또한 토토카엘로는 그 어떤 코디 방법도 제안하지 않는다.

▶ ▶ ▶

"저는 머물고 싶은 공간을 만들어요. 저와 비슷한 성향을 가진 사람들이 그 공간에서 저처럼 머물고 싶어 하기를 바랍니다."

상품들을 그저 옷걸이에 걸어둘 뿐이다. 무슨 옷을 입을지 고민할 필요 없이 시크하면서도 편하게 축 늘어진 원피스에 헐렁한 재킷이나 외투를 걸치고 머리를 쓸어 넘기며 자신의 인생을 당당히 살면 그만이다. "'트렌드' 라는 말은 토토카엘로에서는 금기어예요. 저희는 고객들이 자신만의 스타일을 찾기를 바랍니다." 웽거는 실험을 통해서 자신의 스타일을 찾았다. 그녀는 텍사스 주 휴스턴Houston에서 보낸, 숱한 제약이 따르던 어린 시절과 결별한 뒤 더 넓은 세상으로 나갔다. 그녀는 오스트레일리아에서 미술을 공부한 뒤 아일랜드에서 일하다가 시애틀에 터를 잡았다. 조부모로부터 2만 달러의 투자를 받아 시애틀에 문을 연 디자이너 상품 위탁 판매점 임펄스Impulse는 토토카엘로의 모태가 되었다. 토토카엘로의 작년 수익은 1,700만 달러에 달했다.

"저는 고객을 직접 상대하는 매장 운영에서 늘 많은 것을 배웠어요." 웽거는 토토카엘로의 시작은 보잘것없었다고 되풀이해 말하면서, 수백만 달러의 매출을 올리는 온라인 쇼핑몰도 한 고객이 즉흥적으로 제작해준 것이라고 설명했다. "온라인 판매가 전체 매출의 60% 이상을 차지합니다. 토토카엘로는 패션 기업일 뿐만 아니라 기술 회사라고 할 수 있죠." 웽거는 쉼 없이 아이디어를 쏟아내는 여느 사업가와 마찬가지로 고위험 · 고수익 투자를 두려워하지 않는다. 크로스비 스트리트Crosby Street에 자리한, 넓이 780m²의 5층짜리 건물에 들어선 토토카엘로 매장은 사업 구상부터 개점까지 70일밖에 걸리지 않았다. "토토카엘로는 완벽한 상태로 사업을 시작하는 회사가 아니에요. 우리는 충분히 멋진 것들로 시작해서 그것들을 다듬으며 진화시킵니다." 웽거는 토토카엘로가 가는 곳이라면 어디든 함께한다. 어쩌면 웽거가 가는 곳에 토토카엘로가 함께하는 것인지도 모르겠다. 그녀는 패션 제국을 세우기에는 걸맞지 않은 듯한 시애틀에 정착해 2003년 미술관 분위기를 풍기는 널찍한 첫 매장을 차렸고, 소호Soho에 두 번째 매장을 오픈하려고 지난해 뉴욕으로 거처를 옮겼다. 토토카엘로는 신규 매장 오픈으로 패션계의 주역으로 떠올랐다. 토토카엘로는 '하지 못할 것이 없다.'는 뜻의 라틴어다.

"저는 미친 사람처럼 한쪽 방향으로만 달려갈 때가 있어요. 정신을 차리고 보면 회사가 저를 쳐다보면서 '대체 왜 그래, 질?' 하고 묻죠." 웽거는 소리 내어 웃었고 어깨를 으쓱했다. "그게 제가 일하는 방식이에요. 제 마음을 사로잡는 일이 생기면 시도를 해 봐야 직성이 풀리죠." 2016년 웽거는 토토카엘로 자체 컬렉션 개발에 더욱 몰두할 것이다. 토토카엘로는 2015년 단색으로 구성된 여성 의류를 선보였으며 남성복 컬렉션은 올해 3월에 출시할 예정이다. 웽거는 온라인 광고 홍보를 보다 적극적으로 할 계획이고 토토카엘로를 한 단계 업그레이드하기 위한 자금을 마련하고자 노력하고 있다. 웽거는 "저는 날마다 토토카엘로 생각만 합니다. 매출 10억 달러를 기록하는 회사로 키우고 싶어요."라고 말했다. 그녀가 꿈을 이루지 못할 이유는 없다. 그녀는 큼직한 감청색 외투를 여미더니 등 아랫부분에 한쪽 손을 얹었다. 지금 그녀의 속도를 늦출 수 있는 것은 아픈 등밖에 없다.

TOTOKAELO.COM

다른 세상
ANOTHER WORLD

―――

캐스캐디아의 한가운데에서

글 리처드 아슬란Richard Aslan 일러스트레이션 시부야 사츠키Shibuya Satsuki

푸른 바다 그리고 곧게 뻗은 빨간색 국경선과 맞닿은 비의 도시 시애틀은 미국 지도에서 맨 위 왼쪽에 위치하지만, 초승달 모양으로 바다와 접한 캐스캐디아Cascadia 지도에서는 가운데에 자리한다. 바다로 흘러드는 수없이 많은 물줄기가 표시된 캐스캐디아 서쪽은 지도에서 짙은 초록빛이다. 나뭇가지에 앉은 바닷새 또는 파푸아Papua 섬의 생김새를 닮은 캐스캐디아 지도는 워싱턴 전체, 아이다호Idaho, 오리건Oregon, 브리티시 컬럼비아British Columbia, 알래스카 팬핸들Alaska Panhandle의 상당히 많은 부분을 아우르며 북 캘리포니아Northern California, 와이오밍Wyoming, 몬태나Montana, 네바다Nevada, 유콘Yukon의 일부 또한 포함한다. 그러나 조각조각 떨어진 땅덩어리로 바라본다면 캐스캐디아를 제대로 이해할 수 없다. 지도를 접어서 뒷주머니에 넣는 순간 빨간 국경선들, 사건과 침략으로 얼룩진 역사, 교묘한 속임수와 씁쓸한 타협은 자취를 감춘다. 맑은 날 아주 높은 하늘에서 내려다보아야 캐스캐디아의 경계를 눈으로 확인할 수 있다.

캐스캐디아는 북아메리카 대륙을 퍼즐 조각처럼 짜맞춘 드넓은 생태 지역 중 하나인데 그레이트 베이슨Great Basin, 캘리포니아California, 프레리Prairies, 냉대림Boreal Forest, 딕슨Dixon, 소노라Sonora, 로렌시아Laurentia, 북극 등과 마찬가지로 이곳에서는 동일한 기후, 지질학적 특징, 서식 식물과 동물이 관측된다. 잿빛으로 길게 뻗은 캐스케이드 산맥Cascade Range(이곳에서는 하나의 텍토닉 플레이트tectonic plate(판상을 이루어 움직이는 지각의 표층)가 또 다른 텍토닉 플레이트 밑으로 밀려 들어가면서 결국 맨틀로 끌려들어가는 현상이 벌어지고 있다)은 캐스캐디아의 서쪽 경계를 이루고, 부드러운 초록빛 중앙에는 푸른 강줄기들이 그어져 있다. 코퍼Copper, 앨섹Alsek, 스티킨Stikine, 스키나Skeena, 네차코Nechako, 프레이저Fraser, 컬럼비아Columbia, 오카나간Okanagan, 클라크 포크Clark Fork, 스네이크Snake, 윌래밋Willamette, 디슈트Deschute, 새먼Salmon, 클래머스Klamath, 일Eel. 이 모든 강이 불

▶▶▶

규칙하게 형성된 거대한 화성암 덩어리와 퇴적암 그리고 변성암 위를 흐르고 가문비나무, 솔송나무, 삼나무, 전나무, 향나무, 소나무 숲을 가로지른다. 오리나무 숲 그리고 이끼와 관목이 자란 땅을 지난 강들은 바다로 흘러들어 알래스카 해류Alaska current와 만나, 해협과 작은 만에서 맴돌며 섬들을 휘감는다.

캐스캐디아를 경계 짓는 것은 자연만이 아니다. 인간의 교류가 남긴 발자취 또한 캐스캐디아 경계선에 영향을 미친다. 시애틀은 캐스캐디아에서 가장 큰 도시로 밴쿠버Vancouver 그리고 포틀랜드Portland와 더불어 캐스캐디아의 3대 도시를 이룬다. 세 도시로 이루어진 캐스캐디아 코리더 메가리전Cascadia Corridor Megaregion은 캐스캐디아 전체 인구의 80%에게 삶의 터전이 되어준다. 애보츠포드Abbotford, 보이시Boise, 유진Eugene, 주노Juneau, 킬로나Kelowna, 미줄라Missoula, 세일럼Salem, 터코마Tacoma, 스포캔Spokane, 트리시티즈Tri-Cities, 빅토리아Victoria는 외행성처럼 캐스캐디아 코리더 메가리전을 에워싼다. 경제활동은 한데 어우러지고 고속도로는 활기를 띠고 있으며 운송망은 하나로 연결돼있다. 분리 독립운동의 뜻을 이루어 미국과 캐나다가 캐스캐디아를 독립국으로 인정한다면 약 1,500만 명이 거주하는, 인구수로 따질 때 잠비아Zambia와 캄보디아Cambodia 사이에 위치하는 국가가 될 것이며, 150만km²에 달하는 면적으로 따진다면 페루를 20위로 밀어내면서 몽골Mongolia 다음에 자리할 것이다. 1인당 국내 총생산GDP은 캐스캐디아를 싱가포르와 오스트레일리아 사이, 6위로 올려놓을 것이다. 그러나 국내 총생산을 비롯한 과시적인 요소들을 기준으로 바라보는 것 또한 캐스캐디아를 제대로 이해하는 방법이 아니다.

캐스캐디아 기旗는 삼등분되어 있는데 맨 위 파란색은 태평양과 세일리시 해Salish Sea를, 가운데 하얀색은 눈과 구름을, 맨 아래 초록색은 들판과 끝없이 펼쳐진 상록수림을 상징한다. 기의 가운데에는 두 발을 벌리고 무릎은 붙인 채 가슴을 내밀고서 꼿꼿이 선 미송Douglas Fir이 그려져 있다. '더그 플래그Doug Flag'라고 불리는 캐스캐디아 기는 의회나 대사관 앞에서는 볼 수 없지만 주택과 캠핑용 자동차 그리고 텐트 위에서 펄럭이며, 여권에 돋을새김되지도 비자에 홀로그램으로 붙어있지도 않지만 맥주병과 티셔츠에 인쇄되고 백팩에 수 놓인다. 사람들은 빅풋Bigfoot(북아메리카 지역에서 목격된다고 알려진, 몸집이 매우 크고 털로 뒤덮인 유인원)이 더그 플래그를 높이 치켜든 모습을 어깨에 문신하고, 유치원에서는 더그 플래그를 핑거페인팅한다. 더그 플래그는 생일 케이크를 장식하기도 한다. 사등분된 기, 무지개나 떠오르는 태양이 그려진 기, 빨간색 주먹과 톱과 낫이 그려진 삼색기, 금빛 별들로 장식된 기, 빅풋의 발자국이 찍힌 기를 비롯해 수많은 사람들의 상상이 만들어낸 다양한 캐스캐디아 기도 존재한다. 우리는 이러한 다양성 앞에서 혼란스러움에 빠져들기보다는 또렷한 사실을 깨닫는다. 캐스캐디아는 꿈의 나라다.

많은 사람들이 간절히 원하는 나라 캐스캐디아는 구체적인 미래 계획을 갖고 있다. 어니스트 칼렌바크Ernest Callenbach가 1975년에 발표한 소설 《에코토피아》에는 (그 중심이 조금 남쪽에 자리하지만) 캐스캐디아와 같은 곳에 위치하면서 동일한 이상을 지닌 나라가 등장한다. 칼렌바크는 미국으로부터 극적인 분리 독립을 쟁취한 뒤 24년을 보낸 이 나라의 모습을 작품 속에 펼쳐 보인다. 그는 앞을 내다보는 눈을 지녔던

❊ ❊ ❊

것 같다. 새천년이 시작된 지금 우리는 칼렌바크가 꿈꾸어 왔던 에코토피아의 모습을 캐스캐디아가 진행하고 있는 여러 실험에서 엿볼 수 있다. 에코토피아는 개인의 차량 소유를 허가하지 않으며 모든 에너지는 재생 가능한 자원에서 얻고, 환경보호를 위해서 제품 개발을 철저히 관리한다. 에코토피아 국민들은 자연과 조화를 이루어 살아가면서 '안정된 국가 경제'라는 '성배聖杯'를 얻고자 노력하는 가운데 국가의 발전을 꾀한다. 그들이 진행 중인 프로젝트의 엄청난 규모와 호기심을 불러일으키는 그들의 생활 방식에도 불구하고 에코토피아 국민들은 결코 이국적이거나 낯설게 느껴지지 않는다. 기사 작성을 위해서 에코토피아로 파견된 미국 기자 윌리엄 웨스턴William Weston이 오히려 서먹하게 느껴진다. 무정부주의자 인상을 풍기는 그는 유머 감각이라고는 찾아볼 수 없는 데에다 성마르며 자기기만을 일삼고, 아침 식사로 담배를 피우며 무분별한 소비를 한다. 에코토피아는 1981년 출간된 조엘 가로Joel Garreau의 《북아메리카의 아홉 나라The Nine Nations of North America》에 다시 한 번 등장한다. 가로는 북아메리카를 역사적 사건보다는 문화적 특징에 따라 에코토피아를 비롯한 9개 국가로 분류했다.

캐스캐디아인들은 에코토피아인들만큼 열정적으로 다른 세상을 향한 꿈을 좇지만 국가 차원에서 변화를 이룰 수 있던 에코토피아인들과 달리 바닥에서부터 하나하나 스스로 미래를 일구어야 한다. 2016년 캐스캐디아인들은 협의회, 협동조합, 독서 그룹, 실무 그룹 등을 구성하고 다양한 지역 축제를 개최하면서 자발적으로 활발한 사업을 진행할 계획이다. 식물군, 동물군, 하천 유역뿐만 아니라 파업과 시위 같은 직접행동, 시민 불복종, 자기 의존, 행동주의 그리고 기타 음악으로 캐스캐디아의 경계를 결정짓는다. 캐스캐디아의 꿈은 오리건 컨트리Oregon Country와 태평양 공화국Pacific Republic에서부터 제퍼슨 주State of Jefferson에 이르기까지, 처음부터 기존 체제에 맞선 저항으로 점철되었다. 캐스캐디아인들은 정부 기관에 접근할 수 있는 에코토피아인들이 혹시라도 부러워질 때면 자신들이 기울이는 노력의 최종 목표가 정부 해체임을 되새기면서 위로를 얻을 수 있을 것이다. '독립국 캐스캐디아Cascadia The Free'라는 노래를 만든 작은 곰과 포스터빌리저스Little Bear and the Fostervillagers는 이렇게 말한다. "이것은 국가國歌가 아니다. 내가 아는 한 캐스캐디아 운동은 국유화를 위한 것이 아니라 생태 지역이라는 개념을 깨닫고 이를 통해, 제 기능을 하지 못하는 현재의 사회조직을 개편하기 위한 움직임이다. 캐스캐디아 운동이 추구하는 유기적이고 포괄적인 사회구조는 우리 모두가 건강한 삶을 영위하기 위해서 의지하고 살아가는 땅과 조화를 이룬다. 캐스캐디아에서는 법을 어기는 사람도 낭비도 찾아볼 수 없다. 우리의 노력은 새로운 세상이 가능함을 증명하기 위한 것이다." ■

필슨을 찾아서
FINDING FILSON

태평양 연안 북서부, 그 자연을 품은 브랜드

글 숀 호치키스Sean Hotchkiss 사진 저스틴 청Justin Chung & 리샤드 다루왈라Rishad Daroowala

소도SoDo ('돔 경기장의 남쪽South of The Dome'의 약자)는 시호크스Seahawks의 노력으로 2013년 슈퍼볼Super Bowl을 개최한 센추리링크 필드CenturyLink Field 경기장에 접한 산업지구다. 시애틀의 후원자 '레이디 스타벅Lady Starbuck'이 새겨진 건물은 거대 커피 프랜차이즈의 본사다. 여기서 북쪽으로 뻗은 조용한 길을 따라가면 비계飛階 에 가려진, 반쯤 완공된 건물에서 바삐 공사가 진행 중이다. 틴클로스tincloth (왁스를 입힌 캔버스 천) 아웃웨어와 튼튼한 여행가방을 생산하는 세계적 기업 필슨Filson은 시애틀에서 입지를 새로이 다지고자 한다. 필슨은 1897년부터 믿을 수 있는 장비와 의류를 이 도시에 공급해왔다.

열성적인 팬을 거느려 온 필슨은 L.L. 빈L.L. Bean과 바버Barbour를 비롯해 틈새시장을 공략하는 여러 기업들과 마찬가지로, 경기 침체 후 부각된 장인 정신과 남성복 시장에 불어온 복고 열풍을 타고 2000년대 말 인기를 얻었다. 이 무렵 필슨의 가방 또한 제이 크루J. Crew 같은 소매 기업을 통해 미국 전역에서 날개 돋친 듯 팔리기 시작했다. 필슨은 한때 큰 인기를 누리면서 밀려드는 계약 요청에 회사의 방향성을 잃기도 했지만 초심을 되찾았다. 필슨은 원래 탐험가와 스포츠맨 정신을 지닌 사람들 그리고 클론다이크Klondike 강 유역으로 금을 찾아 몰려들던 이들에게 필요한 물품을 공급하고자 세워진 기업이었다.

◀◀◀

필슨은 새 크리에이티브 디렉터 알렉스 칼튼Alex Carelton과 팀원들을 맞았다. 새 본사와 매장의 위치에서부터 수직통합형 제품 생산공정에 이르기까지 모든 것은 근면성 회복에 초점을 맞췄다. 필슨을 대표하는 가방과 소품의 대부분은 고객, 브랜드 홍보단brand ambassadors 그리고 직원의 의견을 곧바로 제품 제작에 반영할 수 있는 본사 공장에서 생산된다.

금요일 아침, 어수선해 보이지만 질서 속에 공사가 진행 중인 건물의 위층 조용한 사무실들에서 샴브레이chambray 직물 유니폼을 입은 직원들이 주말 계획에 대해서 나지막이 대화를 나눈다. 반쯤 테이프로 가려진 유리창 너머로 들여다보이는 공간은 공장이다. 바로 이곳에서 수십 명의 직원이 필슨의 인기 가방을 만든다. 칼튼은 건물 맨 위층에서 환한 미소로 우리를 맞았다. 수염을 기른 그는 비공식적인 회사 유니폼(셀비지 데님selvedge denim 바지와 워크 셔츠work shirt)을 입고 있었다. 그는 1988년 뉴욕 랄프 로렌Ralph Lauren에서 진정으로 하고 싶은 일을 찾았다고 한다. "오토바이를 타고 시골길을 달리는 남자 사진을 무드보드moodboard(디자이너들이 색깔이나 질감의 조합을 살펴보기 위해 샘플들을 늘어놓고 보는 판)에 올려서 보고 있는데 갑자기 가슴이 뛰었어요. '나도 저런 삶을 살아야 해.' 하고 생각했죠." 뉴잉글랜드New England 출신인 칼튼은 메인Maine 주 포틀랜드Portland로 거처를 옮긴 뒤 남성 스포츠웨어 브랜드 로그스 갤러리Rogues Gallery를 론칭했다. 그는 L.L.빈L.L.Bean의 역사에서 영감을 받은 시그니처Signature 라인을 개발하기도 했다.

워싱턴 주는 칼튼이 살고 있는 메인 주와 마찬가지로 야성미를 지닌다. 차세대 필슨 제품을 실험하기에 이상적인 곳이다. "역동성이 넘치는 곳에서 사는 건 정말 멋집니다. 이곳은 행동이 중요한, 꾸밈이 없는 곳이에요. 나무가 빽빽한 바닷가 숲과 신비로운 올림픽 반도Olympic Peninsula에서부터 야키모Yakima의 건조한 들판과 전 세계에서 소비되는 홉Hop(뽕나무과의 덩굴성 다년초)의 대부분을 생산하는 왈라왈라Walla Walla에 이르기까지 다양한 지형이 존재하죠. 이 모든 환경 속에서 제품의 품질을 테스트하는 사람들이 있습니다. 이 지역에 적응한 우리 제품 속에 이곳의 DNA가 담겨있죠."

필슨은 다큐멘터리 분위기의 사진을 찍기 시작했다. 알래스카Alaska 위를 나는 비행사들(CC 필슨CC Filson은 첫 매장을 열면서 알래스카와 유콘Yukon으로 금을 찾으러 가는 길에 시애틀에 잠시 머무는 탐험가들을 고객으로 삼았다), 베링 해Bering Sea에서 조업하는 어부들 그리고 일터로 향하는 배션 섬the Island of Vashon 농부들의 모습을 카메라에 담는다. 이 모든 것은 필슨의 모험 정신에서 자연스럽게 비롯되었다. "저희가 하고 있는 모든 일은 업계의 기준에서 볼 때 고개를 내저을 만한 것들입니다. 결코 정해진 길을 따라가지 않아요. 필슨은 비로소 타 브랜드와의 차별화를 이루어내고 있습니다. 필슨은 많은 스토리를 담고 있어요. 우리는 잭 런던Jack London 이야기를 많이 합니다. 필슨은 뼛속까지 잭 런던을 닮은 브랜드죠. 하지만 우리는 '이런 모습이 오늘날 어떻게 비칠까? 우리가 지금 하고 있는 일들과 필슨의 중심을 이루어온 이야기(알래스카로 향하는 탐험가들에게 필요한 물품을 공급하던 역사)를 잇는 것은 무엇일까?'라고 질문을 던집니다."

둘을 잇는 것은 물론 필슨의 제품들이다. 큼직한 주머니가 달린 필슨 모직 크루저 재킷Cruiser Jacket은 지난 100년 동안 옛 모습을 거의 그대로 간직해 왔다. 이처럼 오랜 역사가 담긴 제품들을 지켜나가되 마찬가지로 사랑받을 신상품들을 개발하는 것이 이들의 과제다. "사람들은 필슨 하면 재킷과 가방을 떠올립니다." 칼튼은 우리를 공장이 자리한 아래층으로 안내하면서 이렇게 말한다. "저희는 그 중심부를 넓혀갈, 믿을만한 방법을 찾고자 노력합니다. 물론 필슨이라는 브랜드의 참모습을 보다 널리 알리는 작업을 병행해야겠죠." 그들은 바라는 대로 필슨의 참모습을 알릴 것이다. 필슨의 새 사옥에서 가장 눈길을 끄는 특징은 유리벽이다. 고객들은 일에 몰두한 칼튼과 그의 팀원들의 모습을 들여다볼 수 있다. "진실 어린 모습. 이것이 우리의 특징입니다." 칼튼은 빙그레 웃으며 말한다. "이 모든 것이 칼튼 역사의 일부가 되겠죠." ■

II

스타일

시리얼의 선택
CURATED

———

풋웨어

사진 마크 샌더스 *Mark Sanders*   스타일링 앨리슨 엘윈 *Alison Elwin*
제작 달링 크리에이티브 *Darling Creative*

Marius derbies by **A. P. C.**
Jumper by **COS**
Trousers by **SUNSPEL**

City Gommino by **TOD'S**
Jacket & shorts by **MARGARET HOWELL**
Top by **COS**

Mumbai sandals by **HERMÈS**
Jumper & coat by **HERMÈS**
Trousers by **MARGARET HOWELL**

Prince by **NUMBER 288**
Trousers by **NATURAL SELECTION**

Flix by ROBERT CLERGERIE
Dress by ATEA OCEANIE

Camille Ballerina by REPETTO
Trousers by J.W. ANDERSON

Apteros by ANCIENT GREEK
Dress & belt by HERMÈS

Brogues by MARGARET HOWELL
Culottes by FOLK

무르익다
COMING OF AGE

———

아워 레거시의 지난 10년

글 앨리스 캐버나 *Alice Cavanagh* 사진 리치 스테이플턴 *Rich Stapleton*

패션 브랜드에 있어 10년이란 긴 세월이다. 패션 브랜드의 '삶'은 긴 하루와 하얗게 지새운 밤들이 빚어낸 수많은 시즌과 컬렉션 그리고 아이디어로 이루어진다. 완성의 의미를 갖는 '10'이라는 숫자 앞에서 생각에 잠기게 된다. 오랜 세월 속에서도 살아남은 아이디어는 무엇인가? 지난 10년 동안 패션은 어떻게 진화했는가? 스웨덴 남성 의류 생산업체인 아워 레거시는 창립 10주년을 자축했다.

10주년을 기념해서 출시된 2015 가을/겨울 컬렉션 텐TEN에서는 그동안 가장 반응이 좋았던 스타일들과 아워 레거시를 대표하는 코드를 한데 버무린 제품들이 선보였다. 텐은 70년대, 80년대, 90년대를 풍미한 디자인을 아우르지만 아워 레거시를 이끌어 온 것은 무엇보다도 다양한 하위문화subculture 그리고 동일성의 추구와 맥을 같이하는, 유니폼처럼 한결같은 스타일임을 다시 한 번 증명했다. 세 명의 수장 가운데 한 명인 조쿰 할린Jockum Hallin은 90년대에서 그 뿌리를 찾을 수 있는 하위문화를 추구한다. 90년대는 아워 레거시의 창립자들이 회사의 문을 연 뒤로 창조적 영감을 얻기 위해서 끊임없이 탐색한 시대다.

최근 들어 90년대에 대한 향수가 짙어지고 있다. 70년대 말에서 80년대 초 사이에 태어난 많은 디자이너들에게 있어 90년대는 성숙한 인간으로 거듭나고자 서툴고 힘겹게 보낸 시절이지만 스트리트웨어streetwear(패션 감각이 넘치는 캐주얼웨어)와 고전적인 미니멀리즘의 부활만 보아도 알 수 있듯이 여전히 깊은 울림을 전한다.

공동 창업자인 할린과 크리스토퍼 나잉Christopher Nying은 초기에는 자신들이 태어난 해(80/81)를 제품 라벨에 인쇄했다. 그러나 아워 레거시의 창의적인 디자인을 낳은 것은 그들이 스웨덴의 작은 도시 이욍쾨핑Jönköping에서 어른으로 자란 90년대다. 어느 금요일 오후 스카이프로 대화를 나누던 할린은 90년대가 지닌 의미를 "우리가 지금의 우리가 된 시절입니다."라는 말로 설명한다. "십대는 무엇이든 시도해보고 싶은 나이, 동시에 모든 것이 되고 싶은 나이죠. 그리고 십대는 무언가에 속하고 싶은 때이기도 합니다." 할린은 스케이트보드와 스노우보드를 즐겨 탔고, 활기 찬 펑크punk와 하드코어 음악hard core에 빠져 지냈다. 너바나Nirvana가 앨범 〈네버마인드Nevermind〉를 발표했으며 미국 서부 해안 지역에서 하드코어 스타일이 크게 유행한 것도 1991년이었다. 할린은 〈스래셔Thrasher〉(월간 스케이드보딩 매거진), 〈NME〉 그리고 MTV로 당시의 유행을 즐겼다. 그는 밴드를 만들어 기타를 연주하고 백업 보컬을 하면서 여러 해 동안 스웨덴 곳곳을 돌며 공연을 하기도 했고, 마침내 어린 시절 우상처럼 여기던 여러 밴드의 스탭이 되어 활동하기까지 했다.

할린은 밴드 상품에서 영감을 얻어 나잉과 함께, 플로렌스Florence에서 제작한 그래픽 셔츠를 팔기 시작하던 2005년에도 여전히 순회 공연을 하고 있었다. 90년대가 그들에게 미친 영향과 고품질의 만남은 오늘날의 아워 레거시를 만들었다. 아워 레거시의 깊은 곳에는 하위문화가 자리 잡고 있다. "저희는 90년대의 분위기를 제품에 담되 그것이 너무 두드러지지 않도록 세심한 주의를 기울입니다. 그것이 바로 좋은 반응을 이끌어내는 열쇠죠. 사람들은 그 시절과 똑같은 옷을 원하지는 않지만 제품에 문화적 의미가 담겨있기를 바랍니다."

◀◀◀

아워 레거시가 2007년 세 번째 파트너 리카르도 클라렌Ricardo Klarén을 영입해 처음으로 다양한 아이템을 갖춘 컬렉션을 선보였을 때, 남성 패션 시장은 활기를 띠고 있었다. 할린은 당시를 이렇게 회상한다. "남자들이 어떻게, 무엇을 입을까 생각하는 것이 사회적으로 자연스럽게 받아들여지기 시작했죠." 아워 레거시의 최종 목표는 후세에 남을 무언가를 만드는 것이다. "치노chino나 버튼다운 셔츠button downs 같은, 앞선 세대들의 옷을 바탕으로 우리 시대의 옷을 만들어요. '유산'의 의미를 되새기며, 우리 아이들에게 물려줄 수 있는 무언가 가치 있는 일을 하고 싶은 마음에 회사 이름도 '아워 레거시'라고 지었죠."

어느덧 세 사람 모두 아버지가 되었다. 할린을 가장 잘 나타내는 것은 지금껏 체득한 문화를 담은 기호다. 신발과 사진책 수집을 시작으로 그에게 무언가에 속하고 싶은 욕망을 불러일으켰던 음악처럼.

〈시리얼〉은 할린이 소개한, 그가 가장 즐겨듣는 앨범 5장을 여러분과 함께 나누고자 한다.

1. 소셜 디스토션Social Distortion 〈화이트 트래시, 화이트 라이트, 화이트 히트White Trash, White Light, White Heat〉
2. 로켓 프롬 더 크립트Rocket from the Crypt 〈스크림 드라큘라 스크림Scream Dracula Scream!〉
3. 유니폼 초이스Uniform Choice 〈스크리밍 포 체인지Screaming for Change〉
4. 유스 오브 투데이Youth of Today 〈브레이크 다운 더 월스Break Down the Walls〉
5. 리퓨즈드Refused 〈더 셰입 오브 펑크 투 컴The Shape of Punk to Come〉

OURLEGACY.SE

"우리 아이들에게 물려줄 수 있는 무언가 가치 있는 일을 하고 싶은 마음에 회사 이름도 '아워 레가시'라고 지었죠."

비엔나 VIENNA

오스트리아 AUSTRIA

—

48°12'26.4"N 16°22'50.7"E

왈츠
THE WALTZ

―――

화려함과 낭만을 춤추다

글 릴리 르브룅*Lily Le Brun*   사진 핀 빌스*Finn Beales*

괴테는 유럽을 흥분에 빠뜨린 춤을 가장 먼저 문학작품에 담았다. 그가 1774년 집필한 《젊은 베르테르의 슬픔》에서 주인공 베르테르는 시골 무도회에서 돌아온 뒤 들뜬 마음을 가라앉히지 못한 채 "이보다 더 가볍게 춤을 춘 적은 없다."라고 적었다. "나는 그토록 아름다운 피조물을 품에 안고서 그녀와 함께 바람처럼 빨리, 다른 모든 것이 눈에 보이지 않을 때까지 날면서, 언젠가 죽기 마련인 존재 이상의 무언가가 된 기분을 느꼈다." 독일 남부, 오스트리아 그리고 보헤미아 곳곳의 무도회장에서는 남녀들이 서로를 바짝 끌어안은 채 경쾌한 3박자 리듬의 음악에 맞추어 미끄러지듯 춤을 추었다. 그들은 첫 박자에 발을 구르며 돌았고, 나머지 두 박자에 좀 더 가볍게 스텝을 옮겼다. 속도는 연주자들의 손에 달려있었다. 이것은 밑창에 징을 박은, 진흙투성이 부츠를 신은 사람들이 시골 주막과 마을 공회당에 모여 맥주를 들이켠 뒤 추던 '뢴틀러Ländler'라는 민속춤이다. 몇 가지 규칙을 지닌 뢴틀러는 도이처Deutscher, 슈피너Spinner 그리고 '돌다'라는 뜻의 라틴어 '볼베레volvere'에서 유래한 '왈처Walzer' 등 춤의 형태를 짐작할 수 있는 다른 여러 이름으로 불렸다.

왈츠는 당시 귀족들이 추던 우아한 미뉴에트minuet와 흥미로운 대조를 이루었다. 미뉴에트는 남녀들이 줄을 지어 서서 상대와 안전한 거리를 유지한 채 품위 있게 추는 춤이었다. 귀족들이 하인의 시끌벅적한 파티에 슬쩍 끼어들기 시작하면서 왈츠는 유럽 전역의 마을 공회당 무도회장에 스며들었다. 발을 구르며 도는 동작은 마룻바닥과 비단 신발에 맞춰 우아하게 바뀌었다. 독일의 한 패션 잡지는 1792년 "왈츠가, 오직 왈츠만이 크나큰 인기를 끌고 있어 이제 다른 춤은 찾아볼 수 없다. 왈츠만 출 줄 안다면 아무 문제 없다."고 했다.

그러나 상류 사회가 왈츠를 조용히 받아들인 것은 아니었다. 귀족들은 빠른 춤이 건강에 해가 될지 모른다고 걱정했고 왈츠의 도덕성을 문제 삼기도 했다. 독일에서는 '왈츠가 우리 세대의 몸과 마음을 약화하는 주요 원인임을 확인시키는 증거'와 같은 제목의 소논문들이 쏟아져 나왔고, 일부 국가는 왈츠를 금지하기까지 했다. 영국의 시인 바이런Lord Byron은 '사람들 눈앞에서, 일찍이 가까이하지 못했던 곳에 놓은 손들'이라는 구절이 담긴, 왈츠의 음탕함을 풍자하는 긴 시를 썼다. 〈타임스The Times〉는 1816년 섭정왕자가 주최한 성대한 무도회에 이 외설적인 춤이 등장한 것을 보도하며 '딸들을 이토록 치명적인 전염병에 노출시키지 않도록 모든 부모에게 그 위험성을 알리는 것은 자신들의 의무라고 생각함을 밝혔다.

그러나 비엔나의 상황은 달랐다. 이곳에서 생활하며 작품 활동을 펼치던 모차르트, 하이든, 베토벤은 비엔나가 음악의 중심지라는 명성을 얻는 데에 이바지했다. 음악은 귀족들의 특권과 같은 것이 되었고, 부유하고 야심에 찬 중산층 사회에서 활짝 꽃피었다. 1808년 문을 연, 6,000명을 수용할 수 있는 아폴로잘Apollosaal을 비롯한 거대한 무도회장들과 함께 왈츠는 비엔나 사교계에서 점점 더 자리를 굳혀갔다. 1815년 나폴레옹이 전투에서 패한 뒤 유럽의 미래를 논하고자 각국 정상들이 모인 비엔나 회의Congress of Vienna는 상류 사회가 왈츠를 인정하는 자리가 되었다. 지루한 협상 중 지금까지도 전설로 남은 파티가 이어졌다. 그

모습을 보면서 "르 콩그레 느 마르슈 파. 일 당스!Le Congrès ne marche pas – il danse!(회의는 진척이 없다. 춤만 추고 있다!)"라고 비꼬는 사람도 있었다.

그 후 수십 년 동안 오스트리아 왕정은 점점 더 국민을 억압했는데 그럴수록 비엔나 사람들은 감정 표현의 수단이 되는 음악에 애착을 느꼈다. 마침내 왈츠는 연주회장 안으로 들어갔고, 왈츠 음악은 이제 춤을 위해서뿐만 아니라 듣는 즐거움을 위해서도 연주되었다. 슈베르트는 피아노 독주용 왈츠를 작곡하기 시작했으며 요제프 라너Joseph Lanner와 요한 스트라우스 1세는 무도회장에서 가장 많이 연주되는 곡들을 쏟아냈다. 공연장에서는 도입부로 시작해 물 흐르듯 주제부로 이어진 뒤 종결부로 끝나는 왈츠가 부드럽게 들려왔다. 그러나 젊은 쇼팽은 절망했다. 그는 1830년대에 "라너, 스트라우스 그리고 그들의 왈츠 때문에 모든 것이 빛을 잃고 있다."라는 글을 남겼다. 쇼팽과 달리 바그너는 스트라우스를 '비엔나 사람들의 영혼을 한몸에 담은 화신'으로 묘사했다.

새로 즉위한 황제는 커져가는 국민들의 불만 앞에서 불안감을 느끼고는 결국 19세기 중반에 집회를 금지했다. 그러나 억압적이었던 분위기가 누그러지며 비엔나는 활기를 되찾았고, 스트라우스의 아들 요한은 아버지의 일을 이어갔다. 요한 스트라우스 2세는 열정적으로 새로운 곡들을 작곡하며 왈츠의 매력을 세계에 알렸다. 또한 그는 두 번째 박자를 살짝 앞당겨 숨 돌릴 틈을 주는 아템파우제Atempause를 가장 먼저 시도했고 이것이 비엔나 왈츠 연주의 특징이, 왈츠는 오페레타operetta의 중심이 되었다. 그가 1866년에 작곡한 '안 데어 쇠넨 블라우엔 도나우An der schönen blauen Donau(아름답고 푸른 도나우)'는 세상에 가장 널리 알려진 왈츠임이 틀림없다.

요한 스트라우스 2세가 새로운 세기의 도래를 앞두고 사망했을 때 왈츠는 이미 많은 주요 작곡가들의 레퍼토리가 되어있었다. 말러Mahler나 스트라빈스키Stravinsky처럼 잘 알려진 왈츠의 주제부를 풍자적으로 모방하는 작곡가들도 나타났다. 1918년 라벨Ravel은 왈츠로 향수를 불러일으켰다. 그는 라 발스La Valse 악보에 "1855년 무렵의 궁전. 소용돌이치는 구름 사이로 왈츠를 추는 사람들의 모습이 희미하게 보인다."라고 적었다. 제1차 세계대전의 발발과 오스트리아 – 헝가리 제국Austro-Hungarian Empire의 붕괴로 세기말 정신이 생겨났다. 문화적 변화는 말러와 리하르트 슈트라우스Richard Strauss 그리고 쇤베르크Schoenberg가 새로운 영역을 개척해가던 음악 분야뿐만 아니라 과학, 건축, 문학 그리고 시각예술 분야에서도 뚜렷이 드러났다. 이 새로운 세상에서 왈츠는 19세기 비엔나의 웅장함과 낭만을 결코 잃지 않았다. 오늘날 변함없이 사랑받고 있는 것만 보아도 왈츠의 종말을 둘러싼 소문이 모두 과장된 것임을 알 수 있지만 적절한 묘비명을 찾는 일 또한 필요할 것이다. 1898년 클림트Klimt가 주축이 되어 결성한 급진적인 젊은 예술가들의 모임인 비엔나 분리파Vienna Secession가 아르 누보Art Nouveau 전시관을 세우며 입구에 새긴 문구는 깊이 생각해볼만하다. '데어 자이트 이어레 쿤스트. 데어 쿤스트 이어레 프라이하이트Der Zeit ihre Kunst. Der Kunst ihre Freiheit(시대에는 그에 맞는 예술을, 예술에는 그에 맞는 자유를)'.

Photos taken at the *Vienna State Opera House*
WIENER-STAATSOPER.AT

페이스트리에서 울려 퍼지는 심포니
SYMPHONY IN PASTRY

비엔나 파티세리의 미학

글 찰리 리 포터 *Charlie Lee-Potter* 일러스트레이션 루시 윌슨 *Lucy Wilson*

비엔나 페이스트리는 비엔나 왈츠만큼이나 독창적이고 만들기 까다로우며 참으로 매혹적이다. 너 나 할 것 없이 비엔나 페이스트리를 모방한다. 1828년으로 거슬러 올라가 비엔나의 슈페를 무도장Sperl Ballroom에서 빙글빙글 왈츠를 추는 커플들을 내려다본다고 상상해보자. 오케스트라는 요한 스트라우스 1세Johann Strauss I의 '케텐 다리 왈츠Kettenbrücke-Walzer'를 연주한다. 여자들은 무대 위를 돌며 춤추고 하늘하늘한 치마가 둥그렇게 부풀어오른다. 그리고 끝없이 회전하는 커플들이 밀가루 반죽과 커스터드로 만들어졌다고 상상해보자. 당신은 어느새 전면이 유리로 된 비엔나 커피 하우스 앞에 서있다. 진열대에는 불룩하고 둥근 페이스트리가 수북이 쌓여있다. 내가 이런 사고실험(그러고 보니 비엔나는 지그문트 프로이트Sigmund Freud의 고향이기도 하다)에 당신을 초대하는 것은 비엔나 페이스트리의 대표적인 특징을 분명히 보여주기 위해서다. 비엔나 페이스트리는 엄청난 양으로 보기 좋게 진열될 때 더욱 빛을 발하며 레고 블록과 같이 하나만으로는 그 가치를 잃는다.

비엔나 왈츠가 다른 모든 왈츠에 영감을 불어넣은 것처럼 비엔나 페이스트리는 오늘날 프렌치 페이스트리와 데니시 페이스트리의 모태가 되었다. 비엔나 페이스트리와 데니시 페이스트리 사이에 연결 고리를 만든 것은 19세기 중반 덴마크의 제빵사 파업이었다. 덴마크는 부족한 일손을 메우려고 오스트리아 제빵사들을 받아들였다. 마침내 파업은 끝났지만 덴마크인들은 공기와 버터를 듬뿍 품은 새로운 페이스트리와 헤어지려 하지 않았다. 문제 해결 방법은 간단했다. 어마어마한 양의 버터를 넣고 이스트로 발효시킨 오스트리아식 밀가루 반죽이 제빵실에 슬며시 자리를 잡았다. 파업을 그만두고 일터로 돌아온 제빵사들은 이를 '데니시 페이스트리'라고 불렀다. 이렇게 해서 새로운 덴마크 제빵 역사가 시작되었다. 덴마크인들과는 달리 프랑스인들은 비엔나 페이스트리를 들여왔음을 솔직히 인정했다. 프랑스에서는 크루아상croissants, 브리오슈brioches, 팽 오 쇼콜라pains au chocolat 그리고 우유 롤빵milk bread을 통틀어 '비에누아즈리viennoiserie'라고 부른다.

페이스트리를 만드는 과정은 길고 힘들다. 축축한 비치 타올 같은 반죽 위에 얇고 차가운 버터 덩어리를 올린 뒤 반죽을 접어 버터를 꼼꼼히 감싼다. 반죽을 밀어 휴지시킨 다음 뒤집어 다시 밀기를 8번 반복한다. 제빵사는 이

과정을 몇 번 되풀이했는지 기억하려고 반죽을 눌러 자국을 남긴다. 오븐에 들어간 빵에는 반죽을 밀 때 들어간 공기가 팽창하며 층층이 쌓인 겹이 생긴다. 그리고 겹 하나하나는 버터가 발산하는 강한 열에 더욱 뚜렷해진다. 마침내 오븐에서 꺼내면 숱한 기공을 품고 바삭바삭하면서도 부드러운 식감을 가진 빵이 완성된다.

프로이트식 '자유연상free association'으로 머릿속에 비엔나 페이스트리를 그려보자. 꼬리에 꼬리를 물며 떠오르는 생각이 당신을 어디로 데려가는지 살펴보자. 내 경우에는 비엔나 페이스트리가 나를 독일의 흑림Black Forest으로, 탄광을 지나 잉글랜드 북부의 위건Wigan으로, 벽지 가게로 데려갔다. 맛있는 페이스트리는 좋은 추억을 불러낸다. 슈퍼마켓 진열대에 힘없이 늘어져있는 샌드위치와는 다르다. 어쨌든 이런 어설픈 실험보다 좋은 것은 완벽하게 겹을 이룬 비엔나 페이스트리를 한 입 베어 물어보는 것이다.

사실 비엔나 페이스트리는 겹을 낸 반죽으로 만든 빵에 불과하다. 비엔나의 어느 커피 하우스를 방문하든 케이크, 비스킷, 구겔후프Gugelhupf, 토펜콜라셰Topfenkolatsche 그리고 슈트루델Strudel 등 다양한 모습의 페이스트리를 만날 수 있다. 세계적으로 유명한 비엔나 애플 슈트루델apple strudel이 '소용돌이'를 뜻하는 독일어 '슈트루델strudel'에서 유래한 것은 우연이 아니다. 돌돌 말린 장식, 기공을 만들며 겹겹이 층을 이룬 속살 또는 자허토르테Sachertorte를 감싼, 거울처럼 윤이 나는 초콜릿…. 비엔나 페이스트리가 내뿜는 에너지에는 역동적인 무언가가 있다. 오스트리아 케이크는 몸을 꼼지락대고 반짝이는 신호를 보내며 관심을 가져달라 외친다.

나는 가르겔렌Gargellen의 한 오스트리아 셰프에게 작고 맛있는 카이저슈마른Kaiserschmarrn 만드는 법을 배웠다. 그는 영어가 서툴렀고, 내 독일어는 더 어설펐다. 그러나 신이 난 그의 모습과 풍성한 재료가 부엌에 불러들인 눈부신 삶의 기쁨은 내게 말이 필요없는 감동을 주었다. 그는 몸짓으로 설명했고 나는 손짓으로 이야기했다. 그리고 우리는 마침내 완성된 팬케이크를 맛보았다. '황제의 혼란'이라는 뜻을 지닌 카이저슈마른은 케이크가 팬에서 익어갈 때 작게 조각내야 한다. 슈거파우더가 하얗게 내려앉은 네모진 카이저슈마른 한 접시는 여섯 명이 나누어 먹기에 충분하다. 비엔나 페이스트리가 깊은 감동을 전하는 것은 바로 이런 점 때문이 아닐까. 비엔나 페이스트리는 솔로 연주가 아니라 오케스트라가 빚어내는 음악이다. 작곡가 엑토르 베를리오즈Hector Berlioz는 요한 스트라우스의 장례식에서 "스트라우스가 없는 오스트리아는 도나우 강 없는 오스트리아와 같다."고 했다. 그러나 그는 "페이스트리 없는 비엔나와 같다."는 말도 덧붙였어야 했다.

슈메이를 찾아서
IN SEARCH OF SCHMÄH

―――

비엔나식 유머 찾기

글 릴리 르 브룅 *Lily Le Brun* 사진 핀 빌스 *Finn Beales*

오스트리아를 처음 여행하기 전 비엔나가 'Schmäh'라고 하는 그들만의 유머감각으로 유명하다는 것을 알게 되었다. 그리고 독일어를 아는 사람한테서 이 단어의 정확한 발음이 '슈메이'라는 것도 배웠다. 비엔나 여행 정보를 수집하며 슈메이에 대해 좀 더 알아보려 했지만 별 소득이 없었다. 구글은 '순발력과 재치 넘치는 응수'에서부터 '우울한 인생관'에 이르기까지 서로 어긋나는 설명을 늘어놓았다. 비엔나에서 1년을 보낸 친구 한 명은 '슈메이'라는 단어를 단 한 번도 듣지 못했다고 했고, 오스트리아에 친척이 있는 누군가는 언뜻 들어본 것도 같다고 했다. 오스트리아 사람 몇몇은 모두 슈메이를 잘 알았지만 설명할 방법을 찾지 못했다.

비엔나에서 슈메이가 무엇인지 알아내기는 시작부터 쉽지 않았다. 나는 공항에서 택시에 올라탄 뒤 운전사에게 물었다. "'슈니Schnee'요? 그건 눈이에요." 나는 종이에 'Schmäh'라고 적어서 내밀었다. "아, 슈메이! 그건 농담이에요." 운전사는 우쭐대며 말하더니 "우스운 거죠."라고 덧붙였다. 내가 만난 사람들은 하나같이 애매한 대답만 늘어놓았다. 한 아가씨는 깔깔대며 웃더니 아무리 설명해도 이해하지 못할 거라고 고개를 저었다.

비엔나에서 3년쯤 지낸 오스트리아인 제이콥 모스Jacob Moss가 도움의 손길을 내밀었다. 영문판 비엔나 생활 정보지 편집자인 그는 '느긋하고 무심하게 '슈메 –'라고 발음했다. 왠지 그런 발음 뒤에는 거만하게 어깨를 으쓱하는 동작이 뒤따라야 할 것 같았다. 그는 슈메이를 비엔나에서만 볼 수 있는 건 아니며, 슈메이는 오스트리아 어디에서나 그 지역의 유머 감각, 사투리와 연관성을 지닌 것이라고 했다. 슈메이가 돈 많은 주인을 향한 하인의 조롱에서 비롯되었다고 보기도 한다. 커피 하우스와 술집 그리고 긴 줄이 늘어선 비엔나소시지 가판대 Würstelstande 앞에서 손님과 직원이 서로에게 즉흥적으로 내뱉는, 재치 있고 정감 어린 말도 슈메이다. 슈메이는 본래 권력을 조롱하는 것이 목적이었기에 이따금 거짓말로 이루어져있다. 비엔나의 한 전통 주점 타일 바닥에 알아보기 힘든, 하지만 그냥 지나칠 수 없을 만큼 큰 여자 성기 무늬가 들어가 있는 것도 같은 맥락이다.

많은 이들이 비엔나 슈메이는 다정한 마음으로 비꼬는 것이라고 입을 모은다. 슈메이는 결코 만만하게 여길 수 있는 대상이 아니다. 사람들은 누군가가 훌륭한 슈메이를 지녔다고 추켜세우거나 멋진 슈메이를 발휘했다고 축하한다. 슈메이는 너무나 능청스러워서 아무도 알아차리지 못하거나 감정이 메마른 것으로 오해될 수도 있다. 그 한 예로 오스트리아에서 태어나 프랑스 여왕이 된 마리 앙투아네트Marie Antoinette는 백성들이 먹을 빵이 없다는 소식을 듣고서 "그럼 케이크를 먹으면 되지요."라고 했는데, 이것은 참으로 부적절한 슈메이였다.

슈메이는 농담을 넘어서 한 사람의 정신 상태를 드러낸다. 또한 슈메이는 삶을 대하는 방식이 자유방임적이고 보수적이며 '게뮈트리히카이트Gemütlichkeit', 다시 말해 평온한 상태라는 말과도 일맥상통한다. 비엔나 사람들은 "니히트 에른스트Nicht Ernst (별일 아니다, 걱정하지 마라)."라는 말을 흔히 한다. 그들은 삶의 어려움을 이겨내기 위한 수단으로 이러한 태도를 몸에 익혔다. 슈메이를 연구한 어느 인류학자는 슈메이를 '심술궂은 세상을 덮은 웃는 표면'이라고 정의했다. 비엔나 출신 극작가 토마스 베른하르트Thomas Bernhard는 "죽음 앞에서는 모든 것이 우습게 느껴진다."라고 말했다.

비로소 슈메이가 눈에 들어오기 시작했다. 웨이터 한 명이 동료에게 자기가 비켜 가기를 바라지 말고 기둥을 좀 치우라고 무뚝뚝하게 말하자 머리가 희끗한 부부가 소리 내어 웃으며 "제어 구터 슈메이sehr guter Schmäh (정말 훌륭한 슈메이로군요)."라고 칭찬했다. '나는 내적 아름다움에 반해 너를 사랑한단다, 정육점 주인이 소에게 말했다.'라는 어느 식당 이름에도 슈메이가 담겨있다. 비엔나의 유명 미술가 에곤 실레Egon Schiele의 작품에도 슈메이가 있었다. 실레의 작품은 흔히 비극적 삶의 우울한 모습을 표현한다고 오해되지만 그의 친구는 이렇게 말했다. "실레가 묘사한 인물의 기본 특징은 진지함입니다. 우울하고 절망적인 진지함이 아닌 영적인 임무에 사로잡힌 사람 안에 담긴 고요한 진지함이에요. 일상의 문제들은 그에게 아무런 영향도 미칠 수 없어요."

비엔나에서는 풍자를 피할 수 없다. 슈메이는 진지하며 핵심을 찌르지만 느긋한 분위기 속에서 이루어진다. 모든 상황은 언제나 더 나빴을 수도 있음을 깨닫고, 그 안에서 슈메이 찾는 법을 배운다면 보다 느긋한 삶을 살 수 있지 않을까. ■

칼 오벅
CARL AUBÖCK

4대째 이어져 온 금속공예

글 릴리 르브룅Lily Le Brun 사진 조너선 그렉슨Jonathan Gregson

칼 오벅 공방은 100년을 훌쩍 넘는 세월을 거슬러 올라가 칼 오벅 1세가 작업장을 차린 비엔나 7구에서 지금도 변함없이 같은 자리를 지키고 있다. 바우하우스Bauhaus에서 공부한 칼 오벅 2세는 1920년대에 그의 아버지로부터 공방을 물려받은 뒤 이후 20여 년 동안 현대적인 작풍을 발전시켰고, 마침내 부친의 자랑이던 아르 데코Art Deco 양식의 비엔나 브론즈wiener Bronzen와는 전혀 다른 작품을 선보이기 시작했다. 황동을 즐겨 사용한 그는 간결하면서도 익살스러운 미를 살려 장식품과 가정에서 사용하는 다양한 물건들을 만들었다. 칼 오벅의 작품은 발터 그로피우스Walter Gropius 그리고 찰스 임스Charles Eames 같은 디자이너들과 나눈 친분에 힘입어 제2차 세계대전이 끝난 뒤 세계적으로 유명해졌다. 현재 공방을 책임지는, 칼 오벅 2세의 손자 칼 오벅 4세는 대를 이어 물려받은 손재주를 아낌없이 담아 독창적인 작품을 만들어내고 있다.

WERKSTAETTE-CARLAUBOECK.AT

'T' BOOKENDS

LETTER OPENER

KEY CORKSCREW

PAIR OF ASHTRAYS

III

탈출

벨 몽 팜
BELLE MONT FARM

―――

키츠 섬에서 누리는 '지속 가능한' 호사

글·사진 로사 박 *Rosa Park*

세인트 키츠St Kitts 섬. 카리브 해에 접한 언덕 위, 사탕수수 농장이었던 1.62km² 면적의 땅에 잘 익은 망고 수백 개가 짙은 오렌지색 색종이를 흩뿌려놓은 듯 주렁주렁 열려있다. 여기서 멀지 않은 실험용 밭의 관리인 윈스턴 레이크Winston Lake가 식물을 돌보며 나지막이 노래를 부른다. 이곳에서는 일랑일랑 나무가 향기로운 유칼립투스 곁에서 자라고, 자메이칸 블루마운틴 커피 나무가 오렌지 나무 옆에 뿌리를 내리고 있다. 시금치와 아보카도는 자리를 차지하려고 파출리patchouli, 대나무, 베티버vetiver와 거칠게 다툰다. 거대한 무화과나무는 윤이 나는 두툼한 잎을 풍성하게 늘어뜨리고, 우뚝 솟은 망고 나무는 느긋하게 누워 소풍을 즐기는 사람들 위로 그림자를 드리운다. 흐드러지게 자라 차로 가공된 레몬그라스 향이 그윽하고, 잘 익어 이제 먹어도 좋은 과일이 달린 곳에는 '따가세요'라고 적힌 팻말이 걸려있다.

이곳은 키티션 힐Kittitian Hill에 자리한 벨 몽 팜이다. 예지력을 지닌, 호텔 주인이자 경영자 발 켐파두Val Kempadoo는 지속 가능한 친환경 휴양지를 만들어가고 있다. 켐파두는 2008년 처음으로 벨 몽 팜 건설을 기획했으며 2014년 12월에 1차로 완공된 시설의 문을 열었다. 야심 차게 계획한 벨 몽 팜은 건축업자들이 현지 건축 양식으로 지은 호화로운 작은 별장 84채, 좀 더 큰 규모의 휴가용 주택 여러 채, 농가 4채, 식당 5개, 탁아소 그리고 전망 데크로 이루어졌는데 모든 시설은 자연과 조화를 이루도록 설계되었다. 앞으로 객실 100개를 갖춘 '빌리지village'와 식당이 더 들어설 계획이다. 이 가운데에는 농장에서 키운 식재료로 블루힐Blue Hill이나 코펜하겐을 상징하는 식당 노마NOMA처럼 혁신적 요리를 선보이는 식당도 포함될 예정이다. 벨 몽 팜은 작은 것 하나에까지 지속 가능성을 담는다. 이곳에서 자란 작물은 식당에서 사용되는 재료의 90%를 차지하고, 골프장은 아름다울 뿐만 아니라 화학약품 사용 없이 관리된다. 골프장이 품은 28만m²가 넘는 농지에서는 마음 놓고 먹을 수 있는 열대 과일이 자란다.

켐파두는 "키티션 힐은 호텔로 둘러싼 하나의 목적입니다. 완수해야 할 사명이죠."라고 말한다. 트리니다드Trinidad에서 태어난 그는 "제 꿈은 지역 사회와 문화, 천연자원 보호를 위한 노력 그리고 보람 있는 활동과 배움의 기회를 하나로 묶는 겁니다."라고 말한다. 켐파두가 이 특별한 휴양지를 조성하는 과정에서 보여준 지속 가능성을 향한 신선한 접근 방식은 키츠 섬 전체에 영향을 미쳤다. "어느 모로 보나 저희가 하는 일은 전통적으로 중요한 가치인 지속 가능성과 부합합니다. '전통적으로'라는 말을 강조하고 싶네요. 지속 가능성은 환경이 아니라 사람과 함께 시작되기 때문입니다. 환경은 지속 가능성을 실현하려는 의식을 어느 정도 지닌 사람들이 만들어내는 겁니다. 우리는 의미 깊은 사회적·경제적 문제에 대해서 고민해야 합니다. 그러면 환경보호와 서로를 위한 배려는 저절로 이루어질 거예요."

The Village, Kittitian Hill, Basseterre, St Kitts & Nevis
BELLEMONTFARM.COM

포고 아일랜드 인
FOGO ISLAND INN

―

과거와 미래를 잇는 다리

글 리처드 아슬란 Richard Aslan 사진 리치 스테이플턴 Rich Stapleton

"포고 아일랜드Fogo Island는 북위 49.44도에 위치해요. 이건 아주 중요한 사실입니다." 포고 아일랜드 인의 주인 지타 코브Zita Cobb는 이렇게 말한다. "이곳의 돌은 당신이 무슨 생각을 하는지 압니다. 저는 정말 그렇게 믿어요. 이곳의 돌은 바다만큼이나 많은 것을 알죠." 뉴펀들랜드Newfoundland 북쪽 해안에서 조금 떨어진 포고 아일랜드는 래브라도 한류Labrador Current의 한가운데에 위치한다. 포르투갈 탐험가들이 '포고'라고 이름 붙인 이 섬은 위트레흐트 조약Treaty of Utrecht에 따라 프랑스 어부들을 위한 땅이었다. 그러나 18세기에 영국과 아일랜드의 이주민들은 원주민인 베오투크Beothuk 족을 단숨에 몰아냈다. "포고 아일랜드에서 고기를 잡고, 배를 만들고, 뜨개질과 퀼트를 하며 살아가는 섬 사람들은 모두 대대로 전해 내려온 지식을 갖고 있어요. 그것은 글로 적어 보존할 수 있는 지식이 아니에요. 이곳에서의 생존은 독특한 지식 습득 방법을 낳았죠."

지타는 어부인 부모 밑에서 일곱 명의 자녀 중 외동딸로 태어나 조 배츠 암Joe Batt's Arm 지역에서 자랐다. "전기와 수도가 없는 곳에서 자랐어요. 부모님은 글을 읽을 줄도 쓸 줄도 모르셨죠. 우리는 자연스럽게 재활용을 하고, 옛것을 새롭게 하고, 무엇이든 손으로 만들어 내는 타고난 장인이 되었어요. 집, 어장, 옷, 가구, 배 가릴 것 없이 모든 것을 손으로 만들었죠. 우리는 그 어떤 어려움이 닥쳐도 해결했어요. 대구 어획량이 크게 줄어들었을 때만 빼고요." 지타가 10살이었을 무렵 대구 잡이가 쇠퇴했다. "수산물 가공 업체의 트롤 어선들이 우리 섬을 빙 둘러싸고 싹쓸이 조업을 했어요. 얼마 지나지 않아 대구는 멸종 위기에 이르렀죠. 어느 날 아버지는 하루 종일 바다에 나가서 달랑 물고기 한 마리만 잡아 오셨죠." 지타는 대학 진학을 위해서 오타와Ottawa로 떠났고, 그녀의 가족은 토론토Toronto로 이주했다.

그러나 포고 아일랜드는 늘 그녀의 가슴속에 자리했다. "전 경영학을 공부했어요. 기업 어선들이 싹쓸이 조업을 하게 된 시스템을 이해하고 싶었거든요. 아버지는 우리를 실망시킨 것은 물고기가 아니라는 사실을 기억하라고 말씀하셨어요. 포고 아일랜드 사람들은 섬을 지키려고 애썼지만 20세기 자본주의에 맞서 싸우기에는 힘이 부족했죠." 지타가 고향으로 돌아왔을 때, 포고 아일랜드에는 1992년에 내려진 일시적 조업 금지 조치로 대구 잡이로 생계를 유지하는 것이 불가능한 상황이었다. 주민들은 하나 둘 섬을 떠나고 있었다. "저는 2000년대에 은퇴했어요. 생활하기에 충분하고도 남는 돈을 번 상태였죠. 고향을 위해 무언가를 하고 싶었어요. 마침 제 두 남자 형제도 저와 같은 상황이었죠. 저희는 포고 아일랜드의 문화를 되살리면서 섬을 지키고 싶었습니다."

그들은 먼저 젊은 세대가 배 건조 기술을 배울 수 있도록 그레이트 포고 아일랜드 펀트(삿대로 움직이는 작은 배) 레이스Great Fogo Island Punt Race를 개최했다. "오빠 토니가 말하더군요. 이러다가는 섬에 나무 배를 만들 줄 아는 사람이 한 명도 남지 않겠다고요." 다음에는 이 섬의 십대들이 대학에 진학할 수 있도록 장학 사업을 시작했다. "주민 회의에서 한 어머니가 물으시더군요. 장학 사업은 아이들이 섬을 떠나도록 돈을 대주는 것이니 사람들이 섬에 남도록 다른 무언가를 할 수는 없겠냐고요." 이후 그들은 2003년 쇼패스트 재단Shorefast Foundation을 설립했고 마침내 포고 아일랜드 인을 세웠다. "주민들이 의미 있는 일자리를 찾을 수 있도록 포고 아일랜드 경제에 새로운 활기를 불어넣을 방법을 찾아야 했어요. 저희는 포고 아일랜드 인이 섬 주민들의 다양한 지식을 담은 훌륭한 저장고가 되리라 믿었어요."

그들은 뉴펀들랜드 출신의 건축가 토드 손더스Todd

▶▶▶

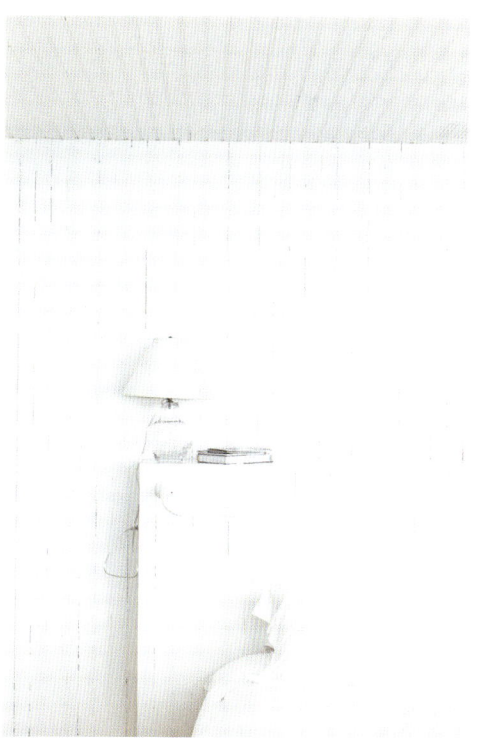

포고 아일랜드 아츠 Fogo Island Arts

포고 아일랜드는 창작에 전념할 수 있는 완벽한 환경을 제공한다. 이곳에서는 누구라도 웅장한 풍광과 느린 삶의 속도를 누릴 수 있다. 섬 곳곳에 작가들을 위해 마련된 스튜디오가 자리하는데 건축가 토드 손더스가 설계한 이 건물들은 그 자체로 예술 작품이다. 쇼패스트 재단의 주축인 포고 아일랜드 아츠는 매년 여러 분야에서 활동하는 예술가들을 1~3개월간 머물도록 섬에 초대해 숙식을 제공할 뿐만 아니라 교통비와 창작 지원금도 지급한다. 그 답례로 예술가들은 21세기 포고 아일랜드를 이루는 다양하고 활기찬 문화의 발전에 이바지한다.

BRIDGE STUDIO

◂◂◂

Saunders에게 단 한 가지를 요청했다. "지난 400년 동안 이 섬에서 축적된 모든 것을 현대적인 건축물 안에 담아주세요." 손더스는 여러 개의 기둥이 떠받치고 있는 목조 건물로 어획과 수산물 가공이 이루어지던 옛 어구漁區의 모습을 형상화했다. 지타는 말한다. "건물의 모든 부분이 포고 아일랜드의 문화를 상징합니다. 이 섬에서 생산된 직물도 최대한 활용했고요. 퀼트와 카펫은 이곳 조합 소속 장인들의 작품입니다. 포고 아일랜드 여성들은 할머니에서 어머니, 또 그 딸에게로 대를 이어 수공예를 배우죠. 포고 아일랜드 인은 수제 가구로 가득 차있어요. 우리는 섬 주민들을 초대해 부모 세대로부터 배운 대로 따뜻하게 대접했죠. 현대적인 건축물에 회의적이던 한 어르신은 호텔을 둘러본 뒤 '옛 정취가 물씬 풍기는 건물을 지어주어 고맙습니다.'라고 하셨어요. 그렇게 오픈 기념 행사를 차분히 치렀습니다."

"포고 아일랜드 인은 100% 사회적 기업입니다. 호텔 운영의 수익금은 모두 지역 발전을 위해 재투자됩니다. 포고 아일랜드 인이 오랜 세월이 흐른 뒤에도 이 섬의 발전에 기여하는 경제적·문화적 자산으로 남기를 바랍니다." 지타가 말한다. 지역 기업가와 지질관광geotourism을 위한 소액 대출에 앞장서는 쇼래스트 재단은 포고 아일랜드 아츠Fogo Island Arts 또한 후원한다. 작업 공간을 제공하는 포고 아일랜드 아츠는 세계 각지에서 예술가들을 불러모은다. "작가들은 주어진 스튜디오에서 작업을 하며 전통 가옥을 개조한 집에서 지냅니다. 섬에서 지내는 동안 포고 아일랜드 인에 찾아와 미술관, 호텔, 도서관 등 호텔 시설을 이용하기도 하죠. 저는 이곳이 모두를 일상으로부터 벗어나게 해준다고 생각해요. 포고 아일랜드 인은 내면에 활기를 불어넣어요. 예술가들은 이 섬의 생활 방식과 조화를 이루며 작업하고 사고합니다. 포고 아일랜드는 이곳에 머무는 예술가들 덕분에 하나의 지역사회로서 성장할 수 있었어요. 그들은 우리에게 힘이 되어주는 협력자입니다. 이외에도 여행, 디자인, 요리 분야에서도 여러 파트너와 함께 일하고 있습니다. 덕분에 정체성을 찾고 우리 섬에 담긴 이야기를 오롯이 지켜나갈 수 있게 됩니다."

미래를 바라보는 지타의 시각은 또렷하다. "40대 또는 그보다 나이를 더 먹은 사람들은 과거를 기억합니다. 우리에게는 이러한 기억들을 새로운 무언가로 재현해야 할 의무가 있습니다. 저는 우리가 과거를 간직해온 것처럼 포고 아일랜드를 지키면서 우리의 고향인 이곳에서 살아가고, 성장하고, 번영할 수 있기를, 그러면서도 더 큰 세상과 어우러질 수 있기를 소망합니다. 또한 이곳에 머물면서도, 우리에 앞서 이곳에 존재했던 모든 것을 간직하면서도 포고 아일랜드 주민들이 세상의 변화에 적응할 수 있기를 바랍니다. 언제나 지속성을 느낄 수 있었으면 좋겠어요. 우리는 포고 아일랜드 인이 우리를 과거와 미래로 연결시켜주는 다리라고 생각해요." 지타는 잠시 말을 멈추었다가 이야기를 계속한다. "아니면 우리가 태어난 곳의 기억과 지식 그리고 우리가 향하고 있는 곳의 꿈을 실어 나르는 배라고도 할 수 있겠네요. 무엇보다도 이 배는 포고 아일랜드라고 불리는 섬을, 하나의 장소를 싣고 있습니다. 장소는 우리를 존재하게 합니다. 우리가 발을 딛고 살아가는 장소가 없다면 우리는 존재할 수 없어요." ■

FOGOISLANDINN.CA
FOGOISLANDARTS.CA

TOWER STUDIO

THIS PAGE: **LONG STUDIO** OPPOSITE PAGE: **SQUISH STUDIO**

"예술가들은 이 섬의 생활 방식과 조화를 이루며 작업하고 사고합니다.
포고 아일랜드는 이곳에 머무는 예술가들 덕분에 하나의 지역사회로서 그 중요성을 키울 수 있었어요.
그들은 우리가 어떻게 세상의 일부를 이루는지 보다 깊이 이해하도록 돕습니다."

자유를 주제로 한 글 모음
WRITING ON THE SUBJECT OF
freedom.

위크 | 엔드
WEEK | END

문학 부록

자유

글 캐리 에터 *Carrie Etter*

일리노이Illinois, 노멀Normal

내가 사는 작은 도시 서쪽 끝,
남편, 아내, 십대들
차 석 대가 들어가는 차고 딸린 집이 대부분인 동네

IHOPInternational House of Pancakes에서 먹는 아침,
나는 끝없이 리필되는 커피를 마시다가
한 남자의 이야기를 우연히 듣는다

"나는 미국 밖을 여행하지 않아요
우리는 모든 자유를 누리며 온갖 풍경을 즐깁니다
그러니 여권이 무슨 소용이에요?"

내 맞은편에 앉은 조카 케일리Kaylee가
눈썹을 치켜세운다

궁지에 빠진 거미

글 쇼나 산기리 *Shona Sanzgiri*

지난 여름, 검은과부거미black widow 한 마리가 우리 집 창밖에 나타났다. 약혼녀가 설거지를 하다가 방충망을 기어오르는, 5센트짜리 동전만 한 거미를 발견하고는 겁에 질려서 창문을 닫았다. 검은과부거미는 방충망과 유리창 사이에 꼼짝없이 갇히고 말았다. 그녀는 퇴근 후 집으로 돌아온 나를 싱크대 앞으로 데리고 가더니 "어떻게 하지?"라고 물었다. 나 또한 뾰족하게 떠오르는 생각이 없었다. 딱히 거미공포증이 있는 것은 아니지만 나 역시 '새까만 암살자'를 어떻게 처리해야 할지 난감했다. 어린 시절 내 또래 사이에서 검은과부거미는 소리 없는 살인자로 유명했다. "사람을 부르자." 나는 장난 삼아 말했다. 우리는 결국 아무도 부르지 않았고, 거미는 유리창과 방충망 사이에 한 달 동안, 아니 어쩌면 더 오랫동안 거의 아무 움직임 없이 갇혀있었다. 우리는 상중喪中이라도 되는 것처럼 짙은 색 커튼을 쳤다. 이따금 커튼을 들추면 다른 구석으로 자리를 옮긴 '수감자'의 모습이 보였다. 검은과부거미는 다른 모든 생명체와 마찬가지로 본능을 따르고 있었다. 거미의 본능은 움직이지 말라고 애원하고 있는 것이 분명했다. 포획자가 무슨 짓을 할지 누가 알겠는가? 우리는 거미의 존재를 무시하려고 최선을 다했다. 그러나 거미는 우리를 의식하는 것이 틀림없었다. 나는 거미 머릿속에 온통 우리 생각뿐일 거라고 확신했다.

거미가 처한 곤경 앞에서 나는 나 자신, 내 본능과 한계, 내가 넘을 수 없는 경계를 생각했다. 21세기를 사는 자기중심적인 남자인 나는, 젊은이인 나는 암암리에 또는 노골적으로 구걸하고, 빌리고, 훔치면서 힘이 닿는 한 많은 것을 손에 넣도록 부추김 당하고 있다. 이런 점에서 볼 때 흥미롭게도 제약은 가장 커다란 자유를 가져다주는 것 같다. 미국에서 자유는 구매력과 연결되며 이것은 선택의 자유, 이동의 자유 그리고 마음 가는 대로 행동할 자유를 전제로 한다. 프랑스 수필가 몽테뉴Montaigne는 이러한 해석과 달리 자유를 관습에서 벗어나고, 역사 그리고 문화와 거리를 두고, 자신을 다른 모든 것에서 떼어 놓을 수 있는 기회로 여겼다. 그러나 나는 자유가 지닌 다른 면(검은과부거미는 아마도 인정하지 않겠지만)에 더 많은 흥미를 느낀다. 자유의 결핍은 어떻게 대단한 결과를 낳는 걸까? 이를테면 예술을 생각해보자. 표현 수단의 특성 때문에 제약을 받는 그림과 사진은 원근법 같은 기법을 사용해서 실재하지 않는 양감을 표현할 수밖에 없다. 평면 조형 작품의 감정 차원emotional dimension으로도 비슷한 결과를 얻을 수 있다. 모나리자를 우상으로 여기고 그토록 흥미를 가지게 되는 것도 감정 차원이다. 우리는 모나리자의 수줍은 듯한 표정을 만든 붓놀림에서 세상을 느낀다. 음악과 문학도 비슷한 기법을 사용한다. 캐나다 출신 가수 레너드 코헨Leonard Cohen의 노래에서 어렴풋이 드러나는 불교적 서정성 또는 문학 작품이란 모름지기 빙산 꼭대기처럼 작은 부분만을 보여주고 물에 잠긴 나머지 풍성함은 독자들의 상상에 맡겨야 한다는 헤밍웨이의 빙산 이론Iceberg Theory을 떠올려보자. 글쓰기와 사진 촬영을 직업으로 삼고 있는 나는 이러한 빙산 꼭대기를 잘 안다. 나는 '거리 두기'라는 호사를 누리면서 대상에 접근해왔다. 거리를 두는 것은 대상으로부터 최대한 많은 것을 얻은 뒤 떠나가는 능력이다.

나 자신의 정체성처럼 내가 쉽게 피할 수 없는 것들이 있다. 보다 현실적이고 피부에 와 닿는 이야기를 하자면 나는 부모님을 그리고 두 분이 감내하신 숱한 희생을 늘 생각한다. 나는 태어나던 순간에 자유를 물려받았지만 부모님은 인도의 숱한 관습에 얽매여 사셨다. 그 가운데 하나는 효도였다. 부모님은 이제야 비로소 자유를 즐길 줄 아시는 것 같다. 나는 태어나서 자라는 동안 부모님도 자유를 누려야 한다는 사실을, 걱정 근심을 내려놓은 채 마음 가는 대로 행동할 수 있다는 것을 모르는 체했다. 어머니는 어느 날 나하고 전화로 이야기를 나누다가 말씀하셨다. "우리가 벌써 인생의 황혼기에 접어들 나이라는구나. 그런데 나는 그 어느 때보다 더 자유로운 기분이다. 아마도 끝이 주는 선물인가 봐."

나는 내가 누리고 있는 특권을 끊임없이 되새겨야 한다. 자유처럼 너무나 근본적인 것의 중요성은 그것이 사라지고 한참이 지난 뒤에야 뼈저리게 느껴진다. 그리고 늘 곁에 두고 살아가는 탓에 나는 그것의 정의를 내리느라 애를 먹는다.

"자유의 결핍은 어떻게 대단한 결과를 낳는 걸까?"

하지만 굳이 설명해야 한다면 자유를 이해하는 내 나름의 방식이 있다. 나는 자유와 대칭점에 놓인 짐을 생각한다. 우리는 누구나 짐을 지고 있으며 때로는 이것을 가슴을 짓누르는 부담으로 느끼기도 한다. 내가 여러 해 동안 짊어졌던 짐은 인정받고자 하는 욕구였다. 나는 내 가치를 확인받고 싶었지만 모든 것을 드러내 보이기 두려웠고 혹시라도 거부당할까 봐 겁이 났다. 이런 삶의 방식을 간절하게 원한다면 모를까 이렇게는 그 누구도 오래 버틸 수 없다. 나는 돌파구를 찾고자 내 마음의 소리에 귀를 기울였고, 마침내 티켓을 구입했다. 나는 아는 이 없으며 나를 거부하기는커녕 이해하려 들 사람조차 없는 베니스에 가기로 했다. 나는 한밤중에 수상택시에서 내렸고, 낡고 칙칙한 술집으로 들어가 아페롤Aperol을 마신 뒤 비가 쏟아지는 거리로 나섰다. 낯선 사람들과 이야기를 나누었고, 노래를 불렀고, 발길 닿는 대로 헤매 다녔다. 어느 미술관을 둘러보았지만 아무것도 이해하지 못했다. 먹고, 마시고, 호텔로 돌아가는 길을 찾는 것처럼 사소한 일에서 작은 성취감을 맛보면서 스스로 행복을 느꼈다. 낯익은 모든 것에서 벗어난 나는 나 자신을 이해시켜야 한다는 의무감을 내려놓은 채 홀가분한 기분을 느꼈다. 좋은 느낌에 젖어들었다.

효과가 있었다. 나는 작은 것 하나에도 얽매이는 내 생각과 기분에 더 이상 잣대를 들이대지 않았다. 나는 20대를 보내는 내내 건강을 해치지 않을 만큼 약물의 힘을 빌리면서 이렇게 모든 비판으로부터 자유로운 해방감을 좇았다. 이제 사생활을 지키는 것에서 자유를 찾는다. 우리는 지금 소셜 미디어의 시대를 살고 있으며 글, 자신의 감정(그러나 너무 많은 것을 드러내지 않는 감정), 대중문화를 바라보는 견해, 정치적 발언의 공유는 이 시대를 이끌어가는 원동력이 되었다. 그러나 나는 이런 시대의 흐름을 거스르는 것에서 내 힘을 느낀다. 물론 나도 글을 쓰고 사진을 찍지만 내 의견이나 생각을 드러내도록 요구받지는 않는다. 내 의견과 생각은 '비매품'이고, 표현하지 않는 것은 자유다.

꼼짝없이 갇힌 거미 한 마리가 이렇게 실없는 소리를 늘어놓게 하다니 어쩌면 우습게 보일지도 모른다. 그러나 거미는 내게 정말 많은 생각을 하게 했다. 이른 아침에는 이런저런 괴상한 생각이 우리를 찾아오기도 한다. 바짝 쪼그라든 거미가 창틀에 떨어져있는 것을 발견한 아침, 나는 플라스틱 순가락으로 거미를 들어서 휴지통에 버리고는 그 앞에 멍하니 서있었다. 끔찍한 짓을 저질렀다는 생각이 들었다. 하지만 이런 일이 닥쳤다면 다른 많은 사람들도 아마 나처럼 행동했을 것이다. 나는 거미를 벌한 것이 아니라 단지 '나 자신을 보호'한 것뿐이었다. 나는 내가 한 일 또는 하지 않은 일을 합리화하다가 거미가 이런 일을 당한 것도, 우리 집에 거미가 나타난 것도 거미나 우리의 뜻과는 아무 관계가 없었음을 깨닫고는 정신이 번쩍 들었다. 거미와 우리는 동의하지도 투쟁하지도 않았다. 선택도 열정도 없었으니 자유도 없었다. 그러니 예술 작품, 나 혼자만의 믿음, 이루지 못한 사랑 또는 차마 용기 내어 드러내지 못하는 감정에서 소중히 여길만한 무언가를 발견한다면 부디 일어나 큰 소리로 말하기를. 모든 죽은 거미를 떠올리기를.

사라짐에 대하여

글 앨리스 캐버나 *Alice Cavanagh*

명성도 악명도 바라지 않는 작가.

글을 마무리하며 이렇게 내 소개를 적어 넣는다. 그런 내가 '개인 수필personal essay' 청탁을 받아들였다니 이상하지 않은가. 여러분은 내가 거리낌 없이 글 쓰는 과정을 즐기는 모양이라고 생각할 것이다. 하지만 아니다. 나는 개인 수필을 쓸 때마다 훌륭한 소설가 조앤 디디온Joan Didion의 말을 떠올린다. "작가는 언제나 누군가를 팔고 있다." 나는 그녀의 말에 더할 수 없이 공감하며 작가는 어느 누구보다도 자기 자신을 판다고 생각한다.

내가 처음부터 이런 생각을 지녔던 것은 아니다. 나도 어릴 때는 다른 많은 여자 아이들처럼 유명한 사람이 되고 싶었다. 그러나 세상의 주목을 받는 것이 무엇인지를 깨달은 뒤로 내 생각은 바뀌었다. 그것은 당혹스러운 일이었다. 지목되는 것은(격려를 받든 질책을 받든 마찬가지였다) 늘 같은 결과를 낳았다. 어느새 얼굴이 빨개졌고 나는 어떻게 해서든 그 자리에서 벗어나고 싶었다.

나는 이름 없는 사람이 되고 싶었다.

나는 시드니 근교에서 자랐다. 우리 마을 사람들은 이웃들에 대해서 모르는 것이 없었다. 하는 일은 무언지, 아침 식사로는 무엇을 먹었는지, 누가 이혼 수속을 밟고 있는지… . 변두리 마을의 삶은 그랬다.

"아, 엄마도 새라네 고모 알아." 내가 학교에서 새 친구를 사귈 때면 엄마는 이렇게 말씀하시고는 했다. 또 내가 몰래 만나고 있는 남자 친구를 두고는 "개랑 사귀면 안 돼. 개네 아빠는 꼭 사기꾼 같더라."라고 말씀하시기도 했다. 엄마의 눈을, 마을 사람들의 눈을 피할 수 있는 것은 없었다. 새롭고 신나는 일을 원하는 사람들에게는 숨 막히는 현실이었다.

나는 고등학교를 졸업한 뒤 도시로 가서 아파트를 구했고, 훨씬 많은 자유를 누렸다. 나는 어느 정도 익명성을 간직했다. 내가 하는 일을 시시콜콜 캐묻는 사람은 없었다. 무엇이든 가능할 것 같은 기분이 들었고, 나는 그 느낌이 정말 좋았다. 나는 붙임성이 좋지만(정말 그렇다) 대학에 들어간 뒤 3년 동안 친구를 단 한 명도 사귀지 않았다. 나 스스로 선택한 일이었다. 나는 무언가에 속해야 한다는 압력을 받지 않고, 그 누구에게도 얽매이지 않은 채 마음껏 캠퍼스 안을 돌아다니고 싶었다. 수업을 빼먹는 날도 있었지만 내가 없는 것을 알아채는 사람은 거의 없었다.

나는 캠퍼스를 벗어나 새로운 사람과 장소를 만났고 새로운 경험을 쌓았다. 나는 무엇보다도 열린 마음을 가진 낯선 사람들과 함께하는 시간이 좋았다. 내 안에서 새로운 무언가를 찾을 수 있을지도 모른다는 기대감 때문이었다. 그러나 얼마 지나지 않아 내 삶의 테두리는 또다시 좁게만 느껴졌다. 사람들은 우리의 배경, 선택, 연애 상대 그리고 때로는 실수를 판단의 근거로 삼아, 색안경 낀 눈으로 우리를 바라보고 있었다. 타인의 경직된 의견이 우리의 정체성 수립에 영향을 미치는 것만 같았다.

여행만이 나를 이러한 현실에서 벗어나게 해주었고 내게 위로를 안겨주었다. 나는 비행기에 오르는 것이, 남들이 생각하는 (일상 속의) 내 모습과 (무엇이 되었든) 내가 원하는 내 모습 사이에 거리를 두는 것이 정말 좋았다.

"나는 이름 없는 사람이 되고 싶었다."

파리에서 살게 되었을 때, 나는 아는 사람이 거의 없다는 사실이 가장 마음에 들었다. 새롭게 시작하고 싶었다. 나는 또 다른 내 모습을 꾸며 보일 필요 없이 원할 때면 언제라도 아무도 모르는 사람이 될 수 있었다. 멋진 친구들을 사귄 지금도 나는 아마도 아는 사람과 마주치는 일 없이 파리 거리를 닷새 동안 걸어 다닐 수 있을 것이다.

거의 모든 작가들은 혼자 시간 보내기를 좋아하며 흔히 창작의 고통 속에서 자기 성찰의 시간 갖기를 즐긴다. 나 또한 대도시가 집어삼킨 한 사람이 되어 홀로 나만의 생각에 빠져드는 순간에 취한다. 아무래도 나는 적성에 꼭 맞는 직업을 선택한 것 같다. 나는 일 때문에 누군가를 만날 때 질문을 받기보다는 하는 입장이 된다. 인터뷰 진행 방식과 타고난 호기심 덕분에 나는 괴롭힘 당하는 기분 없이 내 일을 할 수 있다. 나는 타인의 삶을 무조건 찬양하면서 경력을 쌓았다. 한쪽으로 치우친 시각을 갖는 것은 생존 전략이다.

인스타그램을 제외한 소셜 미디어는 내게 고문과도 같다. 자신을 드러내 보이지 않으면서 어떻게 무언가를 말할 수 있을까? 훌륭한 편집자는 아무 말도 하지 말라고 귀띔해 줄 것이다. 물론 나는 내 글이 발표되고 내 이름이 어딘가에 실릴 때 행복하다. 단지 누군가가 내 글을 읽었다고 말할 때 당황스러울 뿐이다. 그러니 부디 아무 말 말아주시기를. 그리고 그럼에도 불구하고 내 글을 읽어주신 것에 내가 얼마나 감사하는지 알아주시기를.

문 학   부 록 의   컨 트 리 뷰 터

앨리스 캐버나는 파리에 거주하는 오스트레일리아 출신 작가다. 그녀는 〈T 매거진T Magazine〉, 〈월 스트리트 저널 매거진The Wall Street Journal Magazine〉, 〈W 매거진W Magazine〉, 〈아파르타멘토Apartamento〉, 〈해피 리더The Happy Reader〉 등에 글을 기고하고 있다. 그녀는 전문 분야인 패션 외에도 사람 그리고 먼 곳을 주제로 글을 쓴다. 그녀가 맛깔스러운 글을 쓰는 비결은 자신의 모든 관심사를 한데 버무리는 것이다.

캐리 에터는 일리노이 노멀에서 태어났다. 그녀는 2001년 영국으로 건너가 2004년부터 배스 스파 대학교Bath Spa University에서 학생들에게 글쓰기를 가르치고 있다. 그녀가 최근 발표한 시집《마음속의 아들들Imagined Sons》(Seren, 2014)은 시학회The Poetry Society가 수여하는 테드 휴즈 상The Ted Hughes Award 후보작에 올랐다.

쇼나 산기리는 캘리포니아 출신 작가이자 사진작가다. 그의 작품은 〈GQ〉, 〈파리 리뷰The Paris Review〉, 〈바이스VICE〉에 실렸다.

CONTRIBUTORS

———

한국어판 특별기고
박찬일 · 선우형준

Alice Cavanagh *Justin Chung*

Alison Elwin *Lily Le Brun*

Anders Schønnemann *Lucy Wilson*

Barry Craig *Mark Sanders*

Brooke Holm *Marsha Golemac*

Charlie Lee-Potter *Nathalie Schwer*

Finn Beales *Rishad Daroowala*

James Fitzgerald III *Satsuki Shibuya*

John Pawson *Sean Hotchkiss*

Jonathan Gregson *Tony McNicol*

———

SAY HELLO

hello@readcereal.com

Cereal Magazine
*Bristol & Exeter House
Lower Station Approach
Temple Meads
Bristol BS1 6QS
United Kingdom*

FIND US ONLINE

www.readcereal.com

 /cerealmag
/cerealkorea 한국어판 소식

 @cerealmag

 @cerealmag

COVER BY MARK SANDERS

EDITOR
Rosa Park

CONTRIBUTING
& SUB EDITOR
Richard Aslan

SALES & EVENTS
MANAGER
Rose McGrandle

CREATIVE DIRECTOR
Rich Stapleton

ADVERTISING
MANAGER
*Lucy Moakes &
Abby Witherick*

SALES & EVENTS
COORDINATOR
Ash James

ONLINE CONTENT
COORDINATOR
Charles Stapleton

시리얼 VOL. 11

2016년 3월 29일 초판 1쇄 인쇄
2016년 4월 5일 초판 1쇄 발행

지은이 Cereal 편집부 발행인 이원주
발행처 ㈜시공사 출판등록 1989년 5월 10일(제3-248호) 주소 서울 서초구 사임당로 82(우편번호 137-879)
전화 편집 (02)2046-2854 · 마케팅 (02)2046-2894 팩스 (02)585-1755 홈페이지 www.sigongsa.com
ISBN 978-89-527-8199-4 14590 ISBN 978-89-527-7227-5 14590 (set)
본서의 내용을 무단 복제하는 것은 저작권법에 의해 금지되어 있습니다.
파본이나 잘못된 책은 구입하신 서점에서 교환하여 드립니다.

〈시리얼〉 한국어판이 독자 여러분을 찾아갑니다!
보다 자세한 소식은 f/cerealkorea에서 만나보세요.

VOL. 1

VOL. 2

VOL. 3

VOL. 4

VOL. 5

VOL. 6

VOL. 7

VOL. 8

VOL. 9

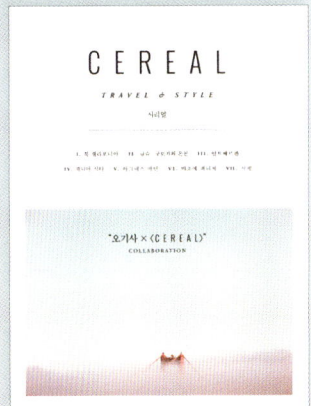

VOL. 10

CEREAL

TRAVEL & STYLE